すぐできるのに99％の人はやっていない「好かれる人」になる55のコツ

岡崎かつひろ

ＫＫロングセラーズ

はじめに

「近くの人とすれ違いが多く、
なんとなく孤独な感じがして悩んでいる……」

「もっと円滑に仕事がしたいけど、
まわりの人に理解されていない感じがする……」

「大好きな人に好かれたいけれど、
なんだか空回りしている、どうしたらいいかわからない……」

そんなあなたのためにこの本を書きました。

「なぜ自分のほうが頑張っているのに、あの人のほうが認められるんだろう?」

仕事でもプライベートでも、同じことをしても、同じように評価されないことがたくさんあります。SNSを覗いても、たくさんの「いいね」がつく人もいれば、まったく見向きもされない人もいます。

何がこの差を生み出しているのでしょうか?

どうせ頑張るなら認められたい。誰だってそう考えるのではないでしょうか?

これからの時代、好かれるスキルこそ最強!

「プランドハップンスタンス理論」というものがあります。1999年にスタンフォード大学で教育学と心理学の教授を務めていた、クランボルツ教授によって提唱された理論です。

これは「計画された偶然」と訳されて、「キャリアというものは偶然の要素によって8割が左右される」という研究結果。つまり、**何をし、何を成し得るかの8割は出会い**

による偶然だということです。

たしかに、自分が何をするのか、偶然の要素が非常に大きいのは否定できません。

しかし、逆の立場で考えてみましょう。たとえば、あなたが所属する会社に入ってきた新人との出会いは偶然ですが、その新人の中で仕事を任せるとしたらどんな人でしょうか?

① 気難しいけど仕事はできる人

② 優しく近づきやすく、仕事もできる人

おそらく誰でも偶然ではなく必然的に②を選ぶはずです。②は仕事のチャンスに恵まれるのですが、**「好かれている」という特徴がある**のです。そして好かれる人たちは、

- ちょっとの努力でも大きく評価される

・困るとすぐにまわりが助けてくれる
・失敗しても笑って済まされる

なんていうことがあるのです。とくにこれからは、ＡＩやロボティクスによる技術革新が専門的な能力を代替していきます。

そうでなくても個人だって仕事のアウトソーシング（外部委託）できる時代ですから、能力だけで戦うのは難しくなっていくでしょう。

だからこそ**「好かれる」というスキルが、これからの社会において最強のスキル**となっていきます。

人生の中で「好かれること」の大切さを実感！

はじめまして、岡崎かつひろです。まずこの書籍を手にとってくださったことに心から感謝申し上げます。

私は「人財プロデューサー」という仕事をしています。人財とは読んで字の如く、組織や世の中に対して価値を生み出し、貢献する人のことを言います。

そんな世の役に立つ人をプロデュースするために、日本最大規模の出版イベント「全国出版オーディション」の立ち上げや、講師の育成や研修、人事コンサルタントの仕事をしています。

また講演会やSNSの発信を通して多くの方とお会いする機会をいただいています。リアルな講演会では、2019年に毎月1000人の講演会を1年間成功させました。

こんな話をすると、「岡崎さん、めちゃくちゃすごいね」と、中には褒(ほ)めてくださる方もいらっしゃいます。

もちろん初めからこんなことができたわけではありません。私も、もともとは普通の会社員。出世を目指して仕事をしていましたから、いつもまわりとはギスギスしてしまう。先輩社員からは「岡崎は生意気だ」と噂が立つ始末。

いま振り返れば、もっと好かれる行動をとれていたら、仕事も円滑に進めることができ、より高い評価をいただくことができたと思います。ご迷惑をかけた先輩方や同僚には、ただ反省ばかりです。

そんななか、26歳のときに経営者の方との出会いをきっかけに起業を志します。その方を当時のメンターにしたわけですが、まさに好かれる人。会社の看板や肩書きはなくても人柄で応援される。会社の大きさや自分の能力で勝とうとばかりしていた自分が恥ずかしくなりました。

「個人の名前で応援される人になりたい。好かれる自分になればもっと人が集まり、チャンスも広がるはずだ」

そう思い、考え方も行動も変えた結果、いまの結果を作ることができました。

だから、**人生でもっともチャンスを広げてくれるものは、「好かれること」だと確信しているのです。**

人生好転のきっかけは「好かれること」

この本を手にとってくださったあなたはもちろん、世の中のほとんどの人はその人なりに頑張って毎日を過ごしていると思います。

しかし、その頑張りが評価されずに困っている。仕事の上司や仲間かもしれません。友人かもしれません。もしかしたら大事な家族からかもしれません。下手をすれば近くにいる人であればあるほど、評価してくれないという場合もあります。

残念ながら、うまくいかなくて悩んでいる人からは、さらに人が離れていきます。誰だって負のエネルギーを発している人と一緒にいたくはないからです。そしてさらに辛くなっていく。負のループに入ります。

逆に、**何かを始めるとすぐに応援され、人が集まり、うまくいく人がいるのもたしか**です。

そういう人はいつも楽しそうに、ワクワクしていて、素敵な仲間に囲まれています。

そして人は人が集まっているところが好きなので、さらに多くの仲間が集まります。

人気は人気を呼ぶのです。人が集まると、情報もお金も集まります。情報とお金が集まるとビジネスチャンスが生まれます。だからそのコミュニティにいるともっとうまくいくことになります。

この**プラスのスパイラルに入る最初の一歩が「好かれている」という状態**なのです。
この本を読むことであなたが得られる大きなメリットは3つです。

①人間関係の無駄なストレスから解放される
②仕事もプライベートも、自分の力以上にうまくいく
③自分らしく生き、まわりから好かれることができる

実際、アメリカの再就職斡旋会社『チャレンジャー・グレイ&クリスマス』の数千人

に対する調査結果によると、誰を解雇するかを決定するとき、さまざまな検討ののち、最後は上司からどれだけ好かれているかが結果を左右していることがわかっています。

ほかにも、好きな人と一緒になれるかどうかはもちろんのこと、仕事を頼みたくなるかならないかについても、好感度は大きく影響していきます。

「好かれる」きっかけはすぐに作れる

何か特別なスキルは必要ありません。

じっさい私がたくさん出会った「好かれている」人たちを観察しても特別な資格もないし、他の人がもっていない特別な知識や技術がなくても好かれることでうまくいっている人がたくさんいます。

たとえば私は『開運！なんでも鑑定団』の鑑定士で、世界一のおもちゃコレクター北原照久先生との勉強会を企画させていただいています。

あるとき、「なぜ岡崎さんと勉強会しているのですか?」という質問に「彼は笑い方がいいから応援したくなるよね」とおっしゃっていただきました。笑い方がいいというだけで応援してもらえるのです。

先日も北原先生と毎日一緒に音声配信をされている福満景子アナウンサーに、「北原先生はなぜみんなに好かれていると思いますか?」と尋ねたところ、こんな回答が返ってきました。

「北原先生は誰にでも裏表がないから誰からも好かれると思います。たとえばテレビの世界では、見せている部分と見せていない部分では違いがあって当たり前。でも北原先生は昔から何も変わらず、私たちアナウンサーにもとても丁寧に接してらっしゃいました。だから久しぶりに再開したときにも、北原先生と配信をご一緒できるなら喜んでと依頼をお受けしました」

裏表がなく素敵な人だから仕事を一緒にしたいって、素晴らしいことだと思いませんか？

私は多くの成功者に会ってきましたが、人に好かれてうまくいっている人には、このように共通点があるように思います。

本書では、そういった見聞と自分自身の経験をもとに、好かれる人の考え方や話し方・聞き方、空気感の作り方、仕事のやり方をまとめてみました。

意識すればできることを中心にまとめたので、実践しやすいと思います。

多くの方は、その**簡単なことを99％は知らないだけ**なのです。誰でもちょっとした工夫で「好かれる人」になることは可能なのです。

そして好かれることができたら、あなたの人生は思うがままを生きることができます。

あなたが自分らしく、多くの人に好かれながら生きる第一歩を踏み出しましょう！

岡崎　かつひろ

すぐできるのに99％の人がやっていない「好かれる人」になる55のコツ

〈目次〉

第1章　好かれる人の考え方
～人の目を気にしなくてもいい理由～

第2章 好かれる人の話し方 ～自己主張しても嫌われないのはなぜ？～

第3章 好かれる人の聞き方
～人の話は「器」で受け止める～

第4章

好かれる人のしぐさ・空気の作り方

～つい心を惹きつけられる理由～

第5章 好かれる人の仕事の進め方
～仕事も人間関係もあなたの味方に！～

第1章

好かれる人の考え方

～人の目を気にしなくてもいい理由～

01

全員に同じだけ好かれなくていい

みんなから好かれたい。あなたはそう思う人ですか？

それとも特定の誰かにだけ好かれればいいと割り切っている人ですか？

多くの人は「みんなから好かれたい」と思う傾向にあります。もしあなたが全員から同じだけ好かれたいと願うなら、それはいたって普通のことなのです。

しかし、みんなから平等に好かれるなんて可能なのでしょうか？

無駄に「いい人」にならない

ここで、私の経験を紹介しましょう。

私は20代の後半に「岡崎さんって嘘っぽいですね」とよく言われました。べつにそれほど嫌なやつだったわけでもないと思います。実際、嘘をついていたわけでもありません。それでも嘘っぽいと言われてしまう。

なぜそんなことになったのでしょうか？

その答えは私の心持ちにありました。

人に嫌われたくないという気持ちが先に立ち、いつも人の目ばかり気にして生きていた毎日。笑顔でいることが正解、人に優しくすることが正解。素の自分に自信が持てずに仮面を被ることに一生懸命になっていた結果、他人から見たら本音がよくわからない人になっていたのです。

この経験により、わかったことがあります。

それは、無駄にいい人を目指す必要はないということ。**人の目ばかり気にしていい人を演じても、残念ながら好かれません。**むしろ嘘っぽくなります。

大前提として嫌われたくないということに一生懸命な人は、腹の底が読めないので、この人を信じていいか、不安になるものです。むしろ、率直に自分の意見を言える人のほうが好かれます。

無難な自分を卒業しよう

たとえば、人気俳優や人気YouTuberを想像してみてください。彼らは自分の軸があり、はっきりと物申す人が多いです。**尖っていて個性的**です。

だから100％全員に好かれているわけではありません。むしろ人気があって知っている人が多い分、嫌いだという人も多くなります。有名人にはアンチ（嫌いなだけでなく反抗的な活動をする人）はいて当たり前。むしろそういう人がいてくれたほうが、認知の拡大につながっていいという人さえいます。

もしあなたが、

「誰かの印象に残りたい」

「一緒にいたいと思われたい」
「本当の意味での好かれる人になりたい」
そう思うなら、誰からも平等に好かれそうな無難な自分を卒業しましょう。しっかりとした自分の個性の確立を目指しましょう。

個性というと難しいかもしれませんが、要は**自分の意見や態度を決める**ということです。無難にまわりに合わせてしまうことから卒業しましょう。

理想は**「出過ぎた杭」**です。ちょっと出てると叩かれますが、大きく出てると一目置かれ、重宝されるものなのです。

あなたの中にある、他にはない個性はなんですか？

Point
個性的なあなただから皆に好かれる！

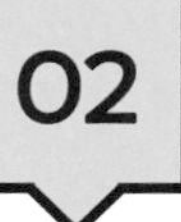

自分の個性を探しにいかなくていい

自分探しでブラジルに行った友人

「自分探しのために、ブラジルへ1年間、行ってきます！」

数年前になりますが、私の友人が仕事に悩んでこんなことを言ってきたのです。

「自分で決めたことだから頑張ってきたらいいよ」と送り出しました。そして、彼が偉いのは1年経って、帰国後、挨拶に来てくれました。

「岡崎さん、ブラジルってみんな自由すぎて。誰も個性とか将来とか気にしてないんです。1年行って余計に迷ってしまいました」

自分探しの旅に出ても、自分は見つからなかったとのことです。

自分一人で考えても答えは見つからないから、海外で経験を積もうという考え方を悪いとは思いません。

しかし、どこかにある個性を探しにいくのではなく、**自分の中にある素晴らしさに気づくことのほうが大事**でしょう。どうしても探しにいきたいのなら、自分の過去に意識を向けたほうがいいでしょう。

そもそも自分の個性は外にあるものではなく、自分の中にあると私は思っています。自我に目覚めた子どもの頃から現在まで、あなたと全く同じ経験をした人はいません。**いくつもの経験があなたの個性を作ってくれています。**

自分の人生で特徴的だった出来事を思い出してみてください。なぜ、その体験が印象的ですか？　そこにはきっと何かあなたらしさのヒントがあるはずですよ。どんどん自分の過去を掘り起こしてみましょう。

夢を持っていますか？

ではどうしたら個性を発揮することができるのでしょうか？

私の友人の阿部雅龍さん。爽やかな笑顔と人なつっこい性格で、誰からも好かれる人気者です。先日もわざわざ挨拶だけのために私の地元まで足を運んでくださいました。

その彼は、誰も挑戦したことのないルートで、南極点到達に向かう冒険に出ています。しかし、第一回目の結果は、残念ながら天候に恵まれず、途中断念。

それでも彼の姿勢に多くの方が感動し、ファンとして慕う人も増えました。名誉のある冒険界の最高栄誉賞、植村直己冒険賞を受賞しているのです。この本を執筆中にも2回目の挑戦に向けて準備されています。

そんな彼の通り名は、「夢を追う男」。**夢を追っていると魅力的**なんですよね。かっこよく見えるし、自分も夢を追っていいのではと思わせてくれる。人に夢を持たせようとするのではなく、自分の夢を追う姿が素敵なのです。

そうやって夢を追い始めると自分らしさとか、自分に合っているものが見えてきます。待っていたら見つかるものではないんです。大事なのは、なんでもいいから**まずは夢を追って行動してみること。そこで初めて自分の合う合わないとか、好き嫌いが見えてくるんです。**

あなたの子供のときの夢は何でしたか？　あなたの大人になってからの夢は何ですか？

「そんな大きなこと考えられない」

もしそう思う方がいたら、少し小さなことでもいいです。

「年末までに5kg痩せたい」「料理がうまくなりたい」などなど。

まだ叶っていないことの全てが夢だと思ってみてください。

できなくてもいいじゃないですか、小さな一歩から夢を追ってみましょう。

Point　**夢を追っていると個性が発揮される！**

03

好かれる人は皆、自分から好きになる

「返報性の原理」を知っていますか？

「返報性の原理」とは、簡単に言えば、いいことも悪いことも「やったことはやり返される」という法則です。

たとえば悪口を言われたら、あなたも悪口を言いたくなりませんか？ 逆に褒められたら、自分からも褒めたくなるし、優しくされたら、優しくしたくなるものです。

だから、好かれたいと思う人は自分から好きになることが大事。あなたが好きになった分だけ、まわりからあなたは好かれることになります。

ではどうしたら人を好きになれるのか？

その一番いい方法は、**「人のいいところを見る」**ということでしょう。

私たちは気づくと、マイナスばかりを気にしてしまうものです。たとえば、服にシミがついていたら、シミばかり気にしてしまいます。どんなに素晴らしいお店でも汚れや嫌な接客が一つでもあると、それぱかり気になります。

人に対しても意識していないと、悪いところばかり目についてしまうのです。

だから、**意識して人のいいところを見る**ようにしましょう。どんな些細なことでもいいんです。声が明るいとか、笑い方が素敵とか、食事のマナーが美しいとか、服のセンスがいいとか、なんでもかまいません。

もしかしたら、自分から見たら素晴らしく見えなくても、他の人からしたら素晴らしく思えることもあります。自分の価値観に固執せずに、人のいいところを探してみて、好きになる努力をしてみましょう。

ささいなことでも褒める

相手のいいところを見つけたら、相手の自尊心を上げることも考えましょう。
好かれる人の特徴は、自尊心を上げてくれる人です。自尊心とは自分を尊いと思う心。
誰だって自分は特別な人でいたいし、尊い人として扱ってもらいたいです。
だから**まわりの自尊心を上げる人は好かれます。**

ではどうしたら、まわりの自尊心を上げることができるのか？
一番いい方法は、**些細なことでも褒める習慣を身につけること**です。

たとえば、何を言ってもまずは認めてくれて、そしていいところを褒めてくれる。そんな人に出会ったら、あなたは「この人、素敵だな」と思うのではないでしょうか？
つまり人は認めてほしいし、褒められたい生き物なのです。

好かれる人はいつも人のいいところを見て、褒めるようにしています。ささいなことでも褒めるのです。

「そのネクタイ素敵ですね」

「笑顔がとっても気持ちいいですね」

「あなたみたいな人と一緒に仕事をしたい」

そんなことをいつもいつも口にしています。

実際、私が以前メンターにしていた方は人へのメールの送り方、挨拶の仕方、服装など何でも褒めていました。どうしても褒めるところがなければ、耳たぶを褒めろなんていうほど。

どこか褒めるところがないかとアンテナを張ると、人の見え方が変わってきますね。

人のいいとこ探しをして、たとえささいなことでも褒めまくりましょう。褒めることができる人は好かれますよ。

Point

ささいなことでも、いいと思ったら褒めましょう！

04

自分一人でできるけど あえて任せてみる、甘えてみる

期待して任せる

私が会社員だったときのこと。仕事上に問題があり、上司と飲みに行き、「あのシステムのここがダメです！　〇〇の数字もあっていないし。本当はもっとこうしたらいいんですよ！」

とお酒の勢いもあってクダを巻いてました。

すると、その方がこう言いました。

「おかちゃんね、俺、難しいことはわからないんだよね。でも責任はとってあげるから好きなだけやってみな」

「責任をとってやる」というひと言に大きく勇気をもらいました。

「心理的安全性」という言葉もありますが、**人は安心して挑戦できる環境を与えられると大きく生産性が上がる**と言われています。

実際、このことをきっかけに大きなプロジェクトが成功しました。

今振り返って考えると、きっとその上司は私が言っていた内容について、わかっていたのではないかと思います。わかっていたけれども、部下に任せてみようという判断をしたのではないか。期待して任せることで部下を育てようとか、のびのび仕事することで期待以上の成果を出してほしいと思ったのかもしれません。

そう考えると、部下をやる気にさせる天才だったと思います。

たまには弱いところを見せてみる

また、できる人ほどうまく甘えているようにも思います。事例を紹介しましょう。

ある日、あなたは尊敬する人から食事に誘われました。一緒にお酒を飲んでいると、「いやさ、最近疲れちゃって。こうやって話を聞いてもらえて本当に助かるよ」と弱音を見せられました。つけ入るすきのない完璧な人だと思っていた人からの悩み相談。

あなたならどう感じますか？

私たちは日頃、強くあろう、完璧であろうと背伸びして生きてしまいます。弱音を見せるのは、カッコ悪いことと感じる人もいるかもしれません。

しかし、じつは**人間は弱さにも魅力を感じます。**

このことが日本一上手な方は大嶋啓介先生でしょう。「居酒屋てっぺん」を作り、毎回数千人が集まる「居酒屋甲子園」というイベントを作った方です。

あるとき、急に電話が来てこんな相談をもらいました。

「かっちゃん、ごめんね。コミュニティ作りについて、わからないから教えてほしいんだよね」

こう言って、電話があったその日にわざわざ私のオフィスまで来てくださいました。

しかし考えてみれば、数千人のイベントを作ってきた方。私がアドバイスするまでもないはずです。

でもそうやって**上手に人を立て、誰からも学ぼうとする。だから多くの人から愛されている**のでしょう。

ちなみに、強いという漢字の弓は1本。弱いという漢字の弓は2本あります。弱い方が弓の数が多い。これは弱さを隠すために、一生懸命に武装しているさまから来ているそうです。武装ばかりしていたら疲れます。疲れていると魅力は失われていきます。

武装解除して、自分の弱さも表に出してみてください。きっとまわりから応援されますよ。

Point

部下相手なら任せてみる、近い関係の人なら甘えてみよう！

05 主人公よりも脇役のほうが輝ける

主人公が一番偉いと思っていませんか?

全員が主人公のお遊戯会ってご存じですか?

私の友人で、保育士をしている方から聞いていた話です。

桃太郎を演目としてやるのだけども、主人公と脇役に分かれると保護者からクレームがつく。だから苦肉の策として全員桃太郎。想像してみるとすごい絵面ですね(笑)。

「僕の名前は桃太郎」「私の名前も桃太郎」「俺の名前も桃太郎だ!」……。

どう考えても物語が進んでいきません。


この前提にあるのは、主人公は偉い、脇役は偉くない、という考え方でしょう。しかし、物語は犬やキジ、もっと言えばおじいさんやおばあさん、青鬼・赤鬼・普通の鬼。本当は全てがいてくれるから成立するもの。当然、主人公だけでは話になりません。

そもそも**主人公が一番偉いという考え方が間違っています。**

「みんなちがってみんないい」（金子みすず）

こんな言葉がある通り、それぞれに個性があっていいのです。主人公だけが素晴らしいわけではありません。

私の友人に、リアカーに自分の尊敬する人の書籍を積んで日本一周し、メディア出演や書籍も出されている田中克成先生がおられます。彼がこう言っていました。

「俺は自分のことを売るのは下手だけど、人のことを売るのは得意なんだよね」

人をプロデュースするのが上手。だから、結果的に彼のまわりにはたくさんの人が集まっています。

本当に好かれる人は脇役になるのも上手なものです。話の中心にいたかと思えば、気がつけば聞き役になる。相手を立てて、気持ちよく話をさせる役に回ります。

そういう人が本当に好かれる人です。お山の大将でいつまでも自分が中心でないと気が済まないと、自分の話を聞いてくれる人しか、まわりにいなくなってしまいます。

主人公でなくても価値がある。そのことに気がつくと、立ち振る舞いが変わると思いませんか？

華を持たせる

ここでおすすめしたいのは、**「華を持たせる行動」を意識してほしい**ということです。

私が飲食店経営に初めて挑戦することを決めたときのこと。

当時、私がメンターにしていた方が不動産を購入し、その物件で飲食店を始めることになりました。とてもありがたいことに、建築の段階から入らせていただくことができました。

途中経過を見にいくと、私のメンターが棟梁にこんなことを言うのです。

「いやぁ、棟梁の色のセンス！　すごいなぁ～。私の想像以上ですよ。この柱の配置。これも素晴らしい！　本当にありがとうございます。出来上がりがさらに楽しみになりました」

まだ作っている最中にもかかわらず、褒めまくる。お金を出している側なのだから何かリクエストをしてもよさそうなものですが、それが一切ない。ただただ褒める。

ひとしきり褒め終わると、「この後があるので」と立ち去っていったわけですが、私はあとの調整があったのでその場にいました。

すると、棟梁からこんなひと言が出てきたのです。

「あんなに褒められたらいい仕事するしかないよなぁ」

普通の人は「やっぱり私の選んだ色で正解でしたね！」とか言いそうなもの。

でも、**相手に華を持たせたほうがやる気になるし、結果的にはいい動きをしてもらえる**んですよね。

Point　**華は持つより、持たせましょう！**

06 うまくいく人には子供らしさ、可愛いらしさがある

いつまでも無邪気な子供心を持つ

高級住宅が立ち並ぶ佐島。その中でもひときわ目立つ、白亜の豪邸……。「なんでも鑑定団」鑑定士、北原照久先生のご自宅です。

私は定期的にここで勉強会をさせていただいています。あるとき、書家でありアーティストの武田双雲先生と、『ママがおばけになっちゃった！』（講談社）の絵本作家のぶみ先生とご一緒した食事会がありました。

食事は北原先生の奥様の手料理。こだわったパンと野菜、さらに手作りのハンバーグを間に挟んだハンバーガー。

私は「うまい！　いくらでも食べれてしまう」と食事に一生懸命になっていると、武

田先生が急に席を立ちました。

「どうしたんだろう?」

皆、武田先生に視線を向けます。

走っていた先はキッチン。嬉しそうな顔をして戻ってこられると、「本当においしくて、この気持ちをすぐに伝えたかったんだ」と、奥様に感想を伝えに行ったと言うのです。

子供のように自分の気持ちに正直で、すぐに行動する。それを見て私は「素敵な人だな」と思いました。案の定、食事の後に奥様と話をすると、「双雲くんが走って来てくれて嬉しかった」と話されていました。

大人になると、気持ちよりも世間体とか正しさを優先してしまいますね。でも、これでは可愛くない。**好かれる人は可愛い**んです。いつまでも子供心を持って無邪気に過ごせる人こそ可愛いし、可愛がられる人なのです。

武田先生のように、気持ちを素直に表現して、行動できる人になりましょう。

「可愛い」を褒め言葉ととらえる

また、ある経営者の方から人に好かれる秘訣を教えていただきました。

「岡崎くんね、好かれる人になりたかったら可愛がられるって大事なんだよ。人懐っこい子犬みたいに、明るく、楽しそうに人と接してみるといいね」

子犬って可愛いですよね。**子犬くらい可愛いやつだと思われたら勝ち**です。


ただ一部の方（とくに男性）は「可愛い」を褒め言葉と思っていないことがあります。なめられているとか、からかわれているような感覚なのかもしれませんね。

もしかしたら英語圏の影響もあるのでしょうか？

大人の女性にcuteというと怒られます。子供っぽいという意味が含まれてしまうそうです。

私が思うに、武田双雲先生のように、**うまくいっている人ほど子供っぽさがあったりします。**

無邪気に遊んでいたり、いたずら心があったり。子供心があったほうが新しい発想ができていいことだっていっぱいあります。いいじゃないですか、子供っぽい一面があったって。

どうしたら可愛がられるか？

どうしたら可愛くなれるか？

男性も女性もどうしたら可愛くなるかを考えてみても損はないですよ。

Point

子供心があり、可愛いと思われる人は魅力的！

07

無意識にやって嫌われる？2つの行動

悲劇のヒロインは嫌われる

不幸自慢で盛り上がっている人の輪に入ってしまったときに、いつも思うことがあります。

なぜ、こんなにイキイキと不幸自慢するんだろう？

不幸自慢って、不幸な話をしているはずなのに、とっても楽しそうなんですよね。これにはちゃんと理由があるのです。

私たちの心には**「承認のコップ」**と呼ばれるものがあります。このコップは2種類の承認で満たされます。**「他人からの承認」と「自分自身の承認」**です。

たとえば、自分の頑張りが認められたときに、心が満たされる感覚がありますよね。

これは「承認のコップ」が「他人からの承認」で満たされたというわけです。逆に、満たされていないと、欠乏感を感じてしまうわけです。特に、自分で自分を承認できていないとき、人は他人からの承認を多く求めてしまいます。

じつは**不幸自慢をしてしまう原因は、自分で自分を満たせていないから**なのです。

自分で満たせないから、他人から満たしてもらいたい。でも人に賞賛されるほどの結果を作れていないため、自分の不幸自慢をするのです。そうすることで、「かわいそう」「よく頑張ったね」「あなたは悪くないよ」と認めてもらおうとします。

悲劇のヒロインを演じると、手っ取り早い承認を得ることができてしまいますが、問題はこのやり方は長く続かないということ。

いっときは慰めてくれたり、励ましてくれたり、認めてもらえます。でも繰り返していると、「面倒なやつだな」と思われてしまうわけです。

不幸自慢で認めてもらうことから卒業して、**自分で自分を満たせる人になりましょう。**

自慢話は嫌われる

誰でも自分の承認のコップを満たしていたいもの。心が満足している状態ほど、幸せなことはありません。

そこでついついやってしまいがちなもう一つの満たし方、それが自慢話です。

自慢話って気持ちがいいんですよね。

他人の自慢話は聞きたくないけれど、自分の自慢話はしたくなってしまいます。

先日もある方とお会いしていたとき、延々と自慢話を聞かせてもらいました。

「若いときはモテた」「昔から自分の取り柄はコミュニケーション上手だ」「○○という賞を受賞したときはこんなことがあった」などなど。

自慢話をするほうは気持ちがいいですから、もしあなたが聞き手の場合だったら、思いっきり自慢話を聞いてあげるのもいいでしょう。

しかし、よっぽど役に立つ話でない限り、多くの人は自慢話を聞かされても喜びません。

過去は生ゴミって言うんですよね。

昔話は結局のところ、昔すごかっただけ。いまの魅力とは関係ありません。**あなたが好かれる人であるために大事なのは、「現在の自分」**です。いま頑張っていることとか、これから成し遂げていこうとしていることは、ワクワクするし、面白いものです。

もし自分の自慢話を聞いてほしいと思ったら、ひと言許可をとるといいでしょう。

「自慢話になっちゃうんだけど聞いてもらっていい」

このひと言だけで相手からの心象はよくなりますし、またその話が本当に自慢に値するものなら、相手から一目置かれることになります。

いまの自分を好きになってほしいなら、自慢話はほどほどに。

Point **自分で自分の承認のコップを満たせる人になろう！**

「陰」を大事にして人間関係が良好！ プライミング効果

プライミング効果とは？

「言葉に気をつけなさい、それはいつか行動になるから」（マザー・テレサ）

古来から言葉には不思議な力が宿ると考えられていました。言霊ともいいますが、これは脳科学的にも証明されています。これを**「プライミング効果」**といいます。

ニューヨーク大学の研究で、事前に「邪魔する」などの悪い言葉を聞いた学生と「感謝する」などのいい言葉を聞いた学生で行動の変化があるのかという実験がありました。

相手の会話を遮る行動に出るかどうかを調べましたが、悪い言葉を聞いた学生のほとんどは5分と持たずに相手の会話を遮ったのに対し、いい言葉を聞いた学生の82％は話が終わるのを10分以上待つことができたといいます。

このように、行動と言葉には密接な関係があります。いい言葉がその人を忍耐強くさせたのです。

だから、**一番やってはいけないのは陰口・悪口**です。人の悪口を言っているとき、その言葉を一番聞いているのは自分です。そして脳は人の悪口でさえも自分に向けられた言葉だと思ってしまいます。悪口を話しているとき、一番その影響を受けるのも自分なのです。

またあなたが悪口を言ったり、悪口につき合ったりしているとき、あなたのまわりにいる人はあなたに対して、「悪口を言う人だ」というレッテルを貼ります。当然、いい印象は持たれません。

陰口や悪口は「百害あって一利なし」と考えたほうがいいでしょう。

陰褒め最高！

代わりに言ったほうがいいのは**「陰褒め（かげぼめ）」**です。つまり、陰口の反対で、**陰で褒める**

という意味で、陰口の逆効果が現れます。

本人の前では恥ずかしくて言えないことも、いないところでいっぱい褒めましょう。するとまわりの印象もあなたは人のいいところを見る人だと思いますし、あなたの脳もいいところを見る癖がつきます。**「陰褒め最高」**って覚えましょう。

陰に感謝するからお陰様

陰つながりでもう一つ。あなたは陰に感謝していますか?

日本語には素晴らしい言葉がたくさんあります。その中でも私が特別好きな言葉が、「お陰様」。ありがとうの表現の一つですが、よくこの言葉を見ると陰に「お」と「様」までつけています。むちゃくちゃ丁寧語。家を「お家様」というようなもの。シャツを「おシャツ様」というようなもの。

そこまで丁寧に陰を扱って、「感謝」という意味をつけている。なぜなのでしょうか?

陰とは目に見えない、気づかれない存在を指します。つまり、**気づけていないものに**

感謝しているんです。

「気づけてなくてごめんね。でもあなたのおかげでうまくいってます、ありがとう！」

そんな気持ちがお陰様なのです。

よく見ると感謝という字には、謝るを感じると書きますね。

これはありがとうと思うとき、**気づけていないことに謝る気持ちをセットに持つことが大事だということだ**と私は思っています。

たとえば、営業の仕事をしている人は、営業事務の担当者に感謝してますか？

社長も会社がうまくいくのは自分のおかげと思っているかもしれませんが、働いてくれている社員や仲間に感謝していますか？

「気づけていない部分もあるよな、ごめんね」という気持ちを持つと、見え方が変わりますよ。そうやって気づけていないものにまで感謝しようとする人は、誰からも好かれる人になれるんですよね。

Point **言葉には力がある、プラスの言葉で自分にエネルギーを！**

条件なしでの感謝が最強

「すみません」は「ありがとう」に変えられる

「岡崎くんさ、なんでイチイチ謝るの？」

昔、私のメンターにこう指摘されました。

何かしてもらうたびに、「すみません」と口癖のように答えていました。別に謝っているつもりはありません。感謝を伝えているつもりで、「すみません」を使っていたのです。

この「すみません」は謝るときにも、お礼を伝えるときにも、ちょっと失礼させてもらうときにも使える、とても便利な言葉ですね。

しかし、私のメンターの指摘にもありますように、「すみません」では本当に伝えたいことが伝わらないこともあります。それどころか、逆の意味にも感じさせてしまう可能性があります。

そこで感謝を伝えるとき、**ついつい使ってしまう「すみません」を「ありがとう」に変えてみませんか？**

「ありがとう」と言われて嫌な気がする人はいません。たった一言変えるだけで人に好印象を持ってもらうことができるでしょう。

ありがとうを口癖にしてみましょう！

「普遍的感謝」を大事にしよう

感謝することで得られる効用はすごいです。愛情ホルモンといわれる「オキシトシン」や、精神を安定させるといわれている「セロトニン」が、感謝の気持ちを持っているときに分泌されることがわかっています。

たとえばセロトニンが不足すると、慢性的ストレスや疲労、イライラ感、向上心の低下、仕事への意欲低下、協調性の欠如、うつ症状、不眠といった症状が見られます。感謝にはこういった症状を予防する力があるのです。

それを実感してもらうために、私の研修で「ありがとうのワーク」という実習をすることがあります。「ありがとう」を10回言ってもらってからの力の入り方と、「疲れた」を10回言ってもらってからの力の入り方を比べる実験です。

この実験をすると面白いほどの差が出ます。明らかに「ありがとう」を口にしているときのほうが力が入るのです。だから**感謝は生きる力になる**のです。

そんなとても大事な感謝の気持ち。あなたはどんなときに感じていますか?

多くの場合、何かしてもらったときに感謝の気持ちを持つことが多いでしょう。もちろんその感謝の気持ちも大事です。

しかし、この「してもらう」という条件付き感謝は、自分が思ったことをしてもらえないときの不満にもつながりかねません。

本当に大事なのは、**何かしてもらわなくても感謝の気持ちを持つ「普遍的感謝」**です。この言葉は脳科学者の岩崎一郎先生に教えていただきました。

何がなくても感謝の気持ちを持つこと。これができたらオキシトシンもセロトニンもバンバン出ます。幸せオーラ満載なあなたの出来上がりです。

よく考えてみれば、私たちはありがたいことにいっぱい囲まれています。毎日安心して暮らせること、一人でも夜道を歩けること、水道水を飲むことだってできます。これらは海外で簡単にできることではありません。

そんな**当たり前になってしまった「ありがたい」ことに気がつくと、感謝の気持ちを増やすことができます**ね。ありがとうの数と幸せは比例しますよ。

Point　**日々の生活で「ありがとう」を口癖にしよう**

10 未来と自分は変幻自在に変えられる

過去の生ゴミにとらわれていないか？

「人の目はなぜ前についてると思いますか？」

とある講演会で聞いた話です。まわりばかり気にする動物は横に目がついています。前に進もうとする動物は前に目がついています。人間の目が前についているのは前向きに前進するためについているそうです。

これは生き方にもいえること。過去のことばかり見ている人が時折います。

「あのときはよかった、昔は○○だった」と過去ばかりを見る、こういう生き方を後ろ向きな生き方といいます。後ろを向いて歩いているとつまずくし、だんだん飽きてきてしまうでしょう。

過去は生ゴミとお伝えしました。生ゴミばっかり眺めて、生ゴミばかりを口にしていたらそりゃ、お腹も壊します。だから体調不良を起こす人って後ろ向きなんです。

過去と他人は変えられないですが、未来と自分は変えられます。変えられない過去に一生懸命になるのはやめて、変えられる未来に一生懸命になってみましょう。

もちろん人間なので、過去を振り返りたくなるときはあります。でも、残念ながら人生やり直しはできないのです。人生でできるのは出直しだけ。

前を向いて、未来に生きる。そんな生き方が素敵だと思いませんか？

プラスになるとらえ方をする

過去は変えられないとお伝えしましたが、前向きに生きるには、事実と解釈を分けて考える必要があります。

好かれる人は、プラス思考で解釈します。ちなみに余談ですが、過度なポジティブシンキングは人を鬱にするという研究結果もあります。だからなんでもかんでもポジティブにとらえればいいという話ではありません。

私がお伝えしたいことは、**事実は事実としてとらえ、その解釈をプラスにすること**です。

「万象肯定、万象感謝」という言葉があります。これは全てのことを肯定的にとらえ、全てのことに感謝しようという考え方です。

たとえば私の場合、18歳のときに胃潰瘍を患い、大動脈に穴が空くという大惨事に見舞われました。一歩間違えば命を落としていたでしょう。幸い一命をとり留め、復帰することができましたが、案外そのおかげで私の人生はよくなったと思っています。

なぜなら健康に気を使うようになりましたし、今となってはネタが増えているからです。

また、人の優しさに気づくことができました。19歳の誕生日を病院で迎えたのですが、友達が少なかった私にわざわざプレゼントをくれた友人や看護師さんがいたのです。

人間辛いときのほうが人の優しさに気づき、感謝の大事さがわかるものですね。


事実は一つ、解釈は無数です。うまくいく人はうまくいく解釈、とらえ方をします。

成功するかしないかは考え方の癖で決まるとも言います。起きている事実をプラスの解釈に変えましょう。

あなたの人生が薔薇色になるのも、灰色になるのもとらえ方次第ですよ。

Point

事実は解釈次第でプラスに変わる！

事実は解釈で変えられる

パナソニック株式会社の創業者・松下幸之助さんは、成功した理由を「貧乏で、病弱で、学歴がなかったから」と述べていました。普通ならできなかったときの言い訳にしてしまいそうなものばかりです。

松下幸之助さんはこう解釈したと言われています。

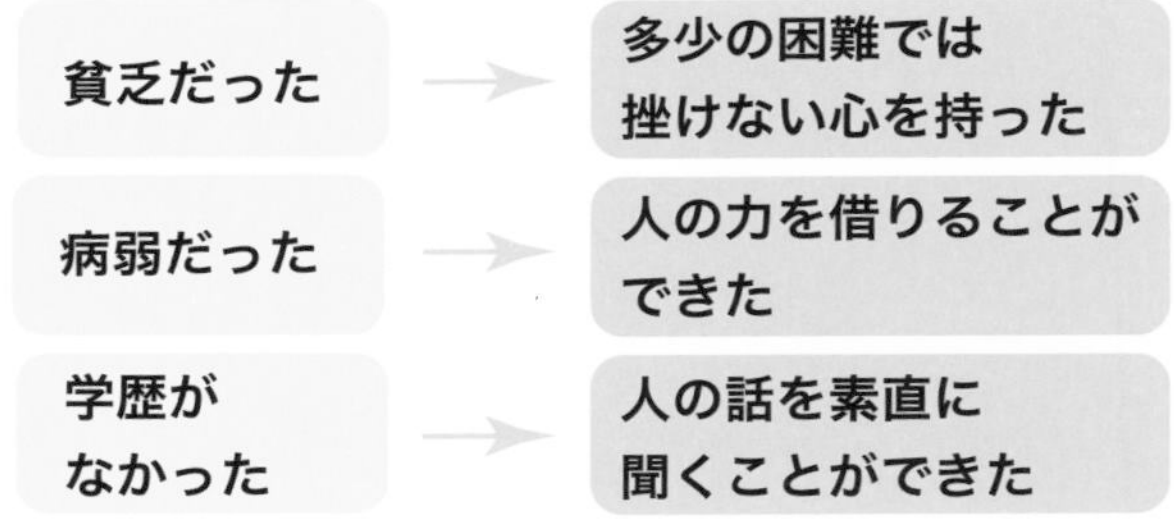

同じように解釈してみると……

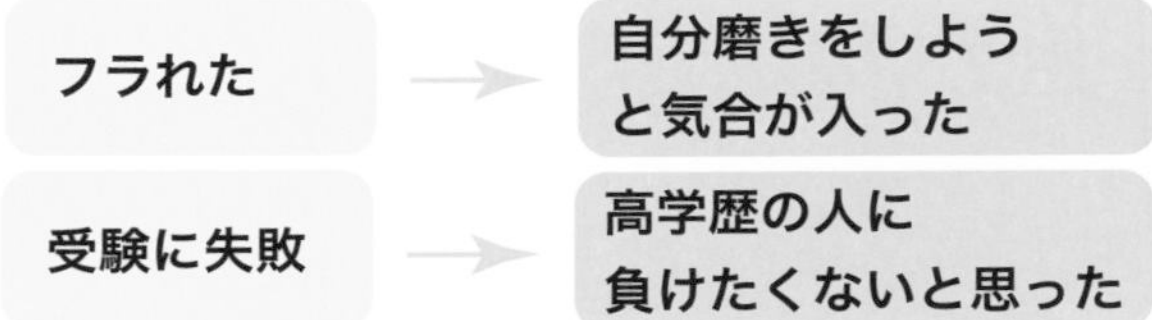

さあ、あなたも同じように事実をプラスに解釈してみませんか？

第2章

好かれる人の話し方

～自己主張しても嫌われないのはなぜ？～

11

話の順序にこだわるだけで話し上手になれる

起承転結で話さない

話がわかりやすい人ほど好かれる。これはもう語る必要がないほどに当たり前ですね。

さて、ここで問題です。はたして、Bさんの話はいかがでしょうか？

Aさん「おい、Z社に出す資料、いつになりそう？」

Bさん「はい、C部長から『なるはやで頼む』と言われたものがあって……」

Aさんが「いつになるのか？」を尋ねているのに、Bさんは自分の事情から話しているせいで、「結論が見えない……」と感じたことと思います。

こう言ったまわりくどい話し方をしてしまうことには、原因があるのです。

それは、起承転結で話してしまうということ。

じつは、起承転結の由来は、中国の漢詩における代表的な詩型の一つである「絶句」というものです。さて、あなたも学生のときに漢文を日本の文章に直したことはあったのではないでしょうか。レ点とかつけましたよね。

ひっくり返さないと日本の文章にならないのです。

つまり、そもそも日本の文法と合っていないし、日本人的に面白い文章ではないのです。しかし、多くの方は「起承転結で話しなさい」と教わります。それでは話が面白くならないのは当然。

話の順序を変えるだけで、面白い話をする人もしくは、わかりやすい話をする人に変わることができるのです。

たとえば「事件です！」から伝えられたら、興味を持ちますよね。ことの起こりを先に言われても退屈です。

・ビジネスでわかりやすい話し方をするなら「結」から話してみる
・面白い話し方をするなら「転」から話してみる

こんな工夫をしてみましょう。多くの方があなたの話に興味を持つようになります。

冒頭の例を見てみましょう。Bさんの話はおそらく「Z社への資料は1日2日ではできません」が結論でしょう。その「起」になる部分、「C部長から言われたときの状況」を丁寧に話したところで、Aさんは結論が見えず、イライラするだけです。

好かれる話し方の第一歩は起承転結を疑うことから始めましょう。

わかりやすく話せるPREP法

ビジネスの世界では「結論から話せ」とよく言われます。特に日本語は結論が最後にくる言語なので、何を言いたいのか途中ではわからないことも多いです。だから結論から話してわかりやすく伝えることを意識する必要があります。

わかりやすく伝えるために、おすすめの話し方は**ＰＲＥＰ法**と言われる手法です。

結論・要点（Point）⇩理由・根拠（Reason）⇩具体例（Example）⇩結論・要点（Point）

という順番で話す方法です。

結　論：好かれたいなら笑顔でいなさい。

理　由：なぜなら笑顔の人と一緒にいるとポジティブになることができ、多くの人はポジティブでいたいと考えているからです。

具体例：具体的にはみんなに好かれている○○さんはいつも笑顔ですよね。

結　論：だから好かれたいなら笑顔でいることが大切です。

こういった具合です。とくに理由や具体例はたくさんあればあるほど説得力が増し、わかりやすくなりますよ。ＰＲＥＰ法、使っていきましょう。

Point

話す前にどのように話すか、順番にこだわろう！

12 人を惹きつける！ストーリーテリング

人を惹きつける話し方をする人ほど、ストーリーで伝えることが上手です。事実という無機質な情報では記憶に残らなかったものが、ストーリーでイメージさせることによって相手の右脳に働きかけ、記憶に残りやすくなるのです。

実際、心理学とマーケティングを研究するスタンフォード大学ジェニファー・アーカー教授はこのように言っています。

「人間は論理的な事実に比べて、物語のほうが22倍も記憶に残りやすい」

しかし、面白いストーリーもあれば、つまらないストーリーもあります。一番つまらないストーリーは「時系列で話す」という方法。聞いている方は退屈になってしまいます。

面白い話ができる人は「起承転結」で言えば「転」から話すことが多いのです。「転」はつかみのようなものと考えておけばいいでしょう。

「この前、びっくりすることがあったんだけど」

「夢みたいなことが起こったんだよね」

などと話し出します。するとその先が気になり、最後にオチまでつけば話は完璧です。

「いやいや、そんな簡単にできないよ」と、こんな声が聞こえてきそうですね。

たしかに簡単ではありません。だから最初は漫才などを参考にしてみて、なんならパクらせてもらいましょう。それで稼ぐわけではないですからパクっても問題ありません。

尊敬するスピーカーの一人、香取貴信先生は古舘伊知郎さんの「薬局ドリンク売り」を一言一句までコピーして、話す練習をしたとおっしゃっていました。

そうやって真似をして何度か話すうちに、面白い話の構成もわかってくるはずです。

あなたの好きな芸人さんでよいので、コピーしてみましょう。

Point **起承転結の「転」からどう話を展開していくのか研究しよう！**

13 相手の心に響かせる！感情伝播の話し方

「気持ちが伝わった」という経験はありませんか？

たとえば結婚式のスピーチ。友人代表にはあまり心動かされませんが（失礼！）、新婦がお父さんに向けた手紙は聞いている人たちがみんな涙します。

よく考えてみると、とても不思議な光景です。なぜ関係のない我々が感動するのでしょうか？

ここには**「感情伝播」**という現象が関わっています。読んで字の如く、人間の感情はまわりに伝わります。そんな手紙は、お父さんが感動し、お母さんが感動し、娘さんが感動するシーン。この３人の気持ちが伝播するからみんなが感動するのです。

このとき一番大事なのは、**話している本人の心が動いていること。**話している自分さえも感動していないことに、まわりの人は感動しません。感動という言葉は、感じて動くと書きます。対して理動という言葉はありません。

人間は理屈で動くのではなく、感情で動くのです。だから**感情を込めて話をする人は好まれます。**とくに多くの人が好きな感情が**「ワクワク」**でしょう。

好かれる人ほどワクワクを大事にしています。そしてその気持ちを言葉にします。すると、本人のワクワクが目の前の一人に伝わるのです。その感情が伝播してまわりも感動させられていきます。

こうしてみんながその人を好きになっていくわけです。

人間には喜怒哀楽がありますが、あなたの感情を素直に言葉にすると、気持ちが伝わってみんなに応援されますよ。

Point **感情を素直に言葉で伝えるようにしよう！**

14

3回は感謝を伝える

感謝を持つことの大事さはすでにお伝えしていますが、あなたは感謝をいつ伝えていますか？

多くの人は「何かしてもらったとき」に感謝を伝えます。

しかし、それだけでは足りないのです。**3回はそのことの感謝を伝えるといい**です。

たとえば何かおごってもらったとしましょう。こんなふうに3回感謝を伝えます。

①お礼をＬＩＮＥさせてもらう

②次に会ったときにお礼を伝える

③他の人と一緒にいるときにもお礼を伝える

ここまでされると、おごりがいもあるでしょう。

こういう、してもらったことに対する感謝のことを「お礼」と言います。お礼も大事ですが、じつは感謝の形はお礼だけではありません。誰からも好かれている人は何かにつけて、というよりも**何もなくても感謝を伝えています。**

たとえば挨拶代わりにありがとうから始まり、話の終わりもありがとうで締める感じです。一度ではなく、何度も何度も感謝を伝える。そうすると相手だけでなく、それを見ているまわりの人も「この人は感謝を大事にしている人なんだな」と一目を置きます。

いまの時代、「いい人」と言われる人になったほうが明らかに得します。ＳＮＳを利用する人もどんどん増える中、口コミの威力は上がる一方です。お店や商品だけでなく、個人の評価もとても重要になっています。感謝を何度も伝えられる人になると、まわりからの見る目も変わるはずですよ。

Point **何かしてもらったら3回は感謝を伝えよう！**

15 特別感を演出する！「秘密話」の使い方

「他の人には言わないでほしいんだけど、じつは……」

と秘密を打ち明けられたことはありますか？

そんなとき、あなたはどんな気持ちになったでしょう？

「信頼してくれてるな。頼られているな。自分も他には言っていないことを打ち明けてもいいかも……」

などと思うのではないでしょうか。

心理学的に**「自己開示」には、信頼関係を作る効果がある**と言われています。特に**秘密を打ち明けるということは「あなたは特別な人です」とメッセージしていること**になります。

だから、あなたが信頼関係を作りたいと思っている人に秘密を打ち明けることは、非常に効果的です。

とはいえ、いきなり重たい秘密を打ち明けられるのも相手に負担をかけますし、話すほうも気が引けます。

そこで、おすすめの方法を紹介しましょう。本音を打ち明けるということではなく、**どうでもいいライトな秘密を打ち明けるという方法。**

たとえば、「小学校までおねしょしてたんだよね」とか「○○さんのことが〝昔〟は好きで結婚したいと思っていたんだ」とかです。

この程度のことであれば、知られたところで支障はありません。しかし、相手にとっては秘密を打ち明けてもらえた特別な人になる可能性があります。

ライトな秘密を打ち明けると信頼関係が深まりますよ。

Point

信頼関係を作りたい人にはライトな秘密を打ちあけよう！

16

手段より目的で大きなYESをとる

前向きな提案が通らなかった理由

ある村に男性がいました。彼はもっと生活を豊かに便利にしたいと考えていました。

そうすればきっとみんな幸せになれる、と考えていたからです。

ある日、「道路を作れば便利になる！」と考えて、村のみんなに言いました。

「俺はここに道路を作りたい！ みんな協力してくれないか？」

するとどうでしょう、村人からは大反対が！

「自分の土地が狭くなる」「道路作りはうるさい」「人通りが増えると怖い」などなど。

結局、反対に負けて道路作りは諦めてしまいましたとさ。

さて、この物語。なぜうまくいかなかったのでしょうか？

その答えは「手段からＹＥＳをとろうとした」からです。この男がしたかったのは村での豊かで幸せな生活です。その目的のために道路を作ろうと思っていますが、男は道路作りの提案しかしなかったため、みんなからの理解は得られませんでした。

多くの場合、**「手段」からＹＥＳを取ろうとして、失敗してしまいます。**なぜなら手段は個人の事情が大きく反映してしまうからです。当然ですが、自分に不利益があることは誰もしたくありません。**大事な提案は「目的」からＹＥＳを取るとうまくいきます。**

最初の例であればこのようにステップを組むとよかったでしょう。

ステップ１　村での生活をより幸せに豊かなものにしたい
ステップ２　交通の便がよくなると村が豊かになる
スタップ３　ここに道路を作りたい

手段からアプローチせず、目的からアプローチするようにしましょう。

目的を伝えることで協力してもらえる

さて、目的から話すことについてお伝えしましたが、それだけではわかりづらいかもしれません。

実際に私が主催している全国出版オーディションを例にしてお話ししますね。

まずこの全国出版オーディションとは、日本で唯一の誰でも挑戦できる&応援ができる一般参加型の出版企画募集です。さまざまな出版社の方に審査員として参加いただき、毎回7000人以上の方が投票してくださっています。

そんな全国出版オーディションの第一回の優勝者が石丸大志さん。彼はInstagramを通してワンオペ育児の問題と、男性育児の参画、お母さんの悩みについて発信していました。そこでこの全国出版オーディションにこの問題解決のための企画で参加してくださいました。

予選2位突破、本選では一般投票・審査員票ともに1位。みんなに賛同され、応援されての優勝です。日本の育児を変えたいという出版の目的が通じたのです。

じつは伝わる目的と伝わらない目的があります。
ポイントは３つです。石丸さんはこれら３つをうまくプレゼンしていました。

①社会的な価値があること

近年、ワンオペ育児の課題は広く話題となっています。

②共感されること

育児は決して他人事ではなく、自分にも関係しています。

③互いのメリットがあること

育児に参加したい男性、してほしい女性にとって、この企画は優勝することは応援するメリットがあります。

このように目的を伝えるときにも、それがこの３つの要件を満たしているか考えてみてくださいね。

Point　相手に伝わる目的を丁寧に話してみよう！

17

説得を手放すと主張が伝わりやすくなる

好かれる「話し方」をテーマにお伝えしていますが、伝える上でここだけは外せないことがあります。それは、**自己主張をする前に他者主張を受け止めることが重要**だということです。

これはとくに、気が重いことを話し合うときほど、心がけなければなりません。

大なり小なり意見の違いはあるものです。

自分にとってのあるべき論が、他人にとってもあるべきものかはわかりません。だからまずは相手の話を聞いて、相手のことを理解した上で話せるといいでしょう。

しかし、反論されたり、いろいろ面倒なことを言われるのが嫌で、相手の話を聞くよりも、ついつい自分の話で説得することを考えてしまいます。

ここでさらに問題があります。残念ながら**人間は説得されたくない生き物**なのです。だから説得されればされるほど、反論したくなってしまいます。結果的にあなたが伝えたいことが伝わらずに、終わってしまうわけです。

大事なのは、**説得よりも納得**です。納得するには自分の思いもちゃんと理解してくれていると感じてもらう必要があるのです。
だから何か主張しなければならないとき、まずは相手の主張をしっかり聞きましょう。あなたが相手の主張をしっかり聞くと、相手も自分の主張をしっかり聞いてくれるようになります。
伝えることの基本はまず聞くことと覚えましょう。

Point

説得するより納得させることが大事！

18

印象が180度変わる！主語メッセージの使い方

I（アイ）メッセージはNo（ノー）を作らない

敵を作る話し方と、敵を作らない話し方には決定的な差があります。それは主語の違いです。

敵を作る話し方は「You（ユー）」が主語になることが多いのです。

「あなたはもっと○○したほうがいい」

「あなたの××は問題がある」

などと相手に矢印を向けた話し方です。

なぜこの話し方が敵を作るかというと、Yes、Noが会話に出てしまうから。

たとえば「あなたはもっと本を読んだほうがいいよ」とアドバイスされたとします。

しかし、あなたは本を読むどころではないほどに忙しい。

「すみません、今は忙しくて時間がとれなくて」

すると、

「忙しいからこそ本を読むんだよ！」

なんて言われたりします。だんだん会話が面倒な方向に進んでいきそうですね。

ではどうしたらいいかというと、**主語を「I」から始める**のです。

「私は忙しいときほど読書をしたほうがいいと思っているんです」

「なぜですか？」

「新しい知識が仕事を早く終わらせてくれて、かえって時間短縮になるからね」

こうなると素直に言うことを聞こうかという気持ちにもなります。こういった「私」を主語にした話し方を**Iメッセージ**と言います。**私に矢印を向けて話すと伝わりやすくなります**よ。

スピーチはⅠかＷｅから話す

Ｉから始めるメッセージは敵を作らず､伝わりやすいということをお伝えしましたが、これはスピーチやプレゼンテーションにも応用することができます。

もっともわかりやすい例は、マーティン・ルーサー・キング・ジュニア牧師です。彼は黒人差別が激しいアメリカを変えた人です。

ときは、インターネットもまだ普及していない１９６３年。キング牧師は黒人の自由と人権を求めて、25万人近い人々をワシントンＤＣに集結させました。なんと8月の暑い日にです。

なぜ彼らが集まったのか?

それこそキング牧師のスピーチを聞くためでした。

この歴史に名を刻むスピーチはこう呼ばれています。

「I Have a Dream~」(私には夢がある)

彼はみんなに黒人差別はやめてくれと話したのではなく、
「私には夢がある。人種に関係なく平等な世の中になり、同じテーブルについて食事を食べる姿がみたいんだ」
と語ります。
終始、私もしくは我々（Ｗｅ）を主語に話しているのです。

これこそ誰もが受け入れやすいスピーチの典型です。

まずは私（Ｉ）もしくは私たち（Ｗｅ）を主語で話しましょう。あなた（Ｙｏｕ）を主語にするのは、十分な共感がとれたあとにすると、スピーチはうまくいきますよ。

Point **主語を何にするかで相手の印象が大きく変わる！**

19 話の内容より音調を意識する

音域はソ・ファを意識する

話をしていて「この人の声って心地いいな」と感じることはありませんか？

その違いは音域にあります。

たとえば、声が低いと相手に威圧感を与えたり、あまり高すぎると不思議な人に見えたりします。

じつは**音階のソ・ファあたりの声は聞きやすく好感を持てること**がわかっています。

ところであなたは、絶対音感（ピアノなどがなくても音階がわかる能力）がある人ですか？

子供の頃から完璧に調律された音を聞いていると身につくそうですが、ほとんどの人はそんな力は持っていません。かくいう私もありません。だからソ・ファの音がいいと言われても、残念ながらその音がどの辺なのかよくわからないということが多いのです。

そこで大事なのは**「自分の声は高いか、低いかを知る」**ということ。

私の場合、混声合唱でいうバス（最も低いパート）に位置しています。つまり声が低いのです。そんな私が自分の話しやすい音域で話してしまうと、相手からは聞きにくい声になってしまうわけです。

だから基本的に高めの声を意識して話すようにしています。逆に声が高い人もいるでしょう。そういう人は意識して低めに話したほうがいい場合もあります。

ほとんどの場合は、少し高めを意識したほうがちょうどいい音程になるでしょう。

男女ともに絶対音感は必要ありません。**自分の声が高いのか、低いのかを理解して、意識して声を出すようにしてみましょう。**

歌を歌うように話す

ソ・ファを意識して話をすると、好感を得やすいとお伝えしました。

では低い声や高い声は不要なのかというと、それは全く違います。基本的な音調はソ・ファを狙い、**楽しげな話のときは高めに、真面目な話は低めにといった具合に音の高低を使い分けられるのがベスト**です。もし、それができるようになったら、あなたは話のプロでしょう。

私はコミュニケーション講座をしていますが、歌うように話しましょうとお伝えしています。一定のリズム、一定の音調の音楽はお経みたいで途中で飽きてしまいますよね。いい歌には高い音・低い音はもちろん、早い・遅い、強い・弱いなどのメリハリがあります。これらの組み合わせで印象は大きく変わります。話をするときも一緒なのです。

メラビアンの法則という、伝わり方についての研究結果があります。

言葉　：7％

音調　：38％
見た目：55％

という結果です。なんと言葉で伝わるのはたったの7％！　残りの93％は言葉以外が伝わっているのです。たとえば道を歩いていて「トーキョー　エキ？」と一生懸命に言っている外国人を見たら、正確な日本語を話していなくても「東京駅に行きたいのだろうな」とわかりますよね。音調や見た目、雰囲気でちゃんと伝わるのです。

とくに真剣な話をするなら少し低めの音調、楽しい話なら高めの音調と少し速めなスピードなど**ＴＰＯに合わせて変えられるとベスト**ですね。

話の内容よりも音調のほうがずっと伝わります。ぜひ歌うように話してみてください。

Point

どの音階なら伝わりやすいか、常に意識しよう！

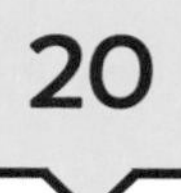

意外と多くの人ができていない！間と確認の使い方

人から嫌われる代表的な話し方があります。それは相手への配慮がなく、一方的に話しまくるという話し方。矢継ぎ早に言葉のオンパレードを繰り広げられては聞いているほうが疲れてしまいます。

会話というものは当たり前ですが、話し手と聞き手がいて成立します。聞き手への配慮があってこそ、好かれる話し方になるのです。

相手が理解できる間を大事にする

では話し方における相手への配慮とはなんでしょうか？

それは**適切な「間」をとる**ということです。

間をとることで、聞き手は話を整理することができます。質問があれば、間に挟(はさ)むこともできるでしょう。同じことを話しているのに伝わったり伝わらなかったりするのも、間の取り方の違いだったりします。

では、上手な間のとり方はどうしたらいいのでしょうか？

一番いい方法は、**自分の話を相手がどう思うかを考えながら話す方法**です。自分が話していることは自分の知っていることですから、どんどんと話すことができるでしょう。

しかし一度立ち止まって、

「この話を聞いて、相手はどんなことを考えているのだろうか？」

と考えてみてください。

また、息を大きく吐いてみるのもいいでしょう。呼吸は吸うほうも大事ですが、吐くほうはもっと大事です。当たり前ですが吐かないと吸えません。

しかし話をしていると、吸う方にばかり気をとられてしまい、ぜんぜん息が吐けていないことがよくあることなのです。

そして少し**自分を落ち着かせたら、相手の顔色を伺ってみましょう。**話すことに一生懸命になると、相手の顔が見えなくなっていることがあります。もしかしたら「?・マーク」が顔に浮かんでいるかもしれませんよ。

確認を効果的に使う

話が短くてわかりやすい人も好かれます。なぜなら話を聞くのはとても疲れる行為で、話が長い人と一緒にいるとエネルギーを奪われてしまうから。

話が長くなってしまう人の代表例が、考えながら話をまとめる人です。結論がないのに話し出すから、本人も何を言いたいのかよくわかっていない。でも話すのは好きだから話だけは進む、そんな状態です。

たとえば、ただ話したいだけのときもありますから、それはそれで問題ありません。しかし、「好かれる話し方」ではありませんから、必要に応じて変えるべきでしょう。わかりやすい話し方をするためには、先述したＰＲＥＰ法を活用するとよいでしょう。

では、短くするにはどうしたらいいか？

それは**細かい単位で確認を挟む**といいでしょう。一気に長く話してしまうと、ただ話が長くなってしまうので、要点ごとに区切って確認をとっていくのです。

「いまから○○について話したいんだけどいいかな？」

「この行動には××という問題があると思うけどどう思う？」

「あのニュースをまとめると△△ということだととらえてるのだけど君はどう思う？」

こういった感じで、自分の意見や話したいことを定期的にまとめて、相手に意見を促しましょう。すると自分の話が伝わっているかの確認にもなりますし、相手の興味の有無もわかります。

慣れないうちは紙に書くのもおすすめです。頭の中だけで考えていると自分でもよくわからなくなってしまうことがあるからです。

話を短く切って要点ごとに確認をする癖をつけてみてくださいね。

Point　**「間」と「確認」を使って聞き手に配慮しよう！**

21 「お願い」だと人から敬遠される

あなたは何かお願いしないといけない場面で、どのような言葉を使っていますか？

多くの場合、「ちょっとお願いがあるんだけどいいかな？」となるのではないでしょうか。

「心理的リアクタンス」という言葉があります。これは、「抵抗・反発」を意味するリアクタンスという語を心理学に適用した言葉で、「人が自由を制限された際に、それに抗おうとする性質」を指します。

何かをお願いされるということは、まさに自分の自由を制限される可能性がある行為です。だから**「お願い」からスタートすると身構えられてしまい、ちゃんと話を聞いてもらえない、**なんてことにもなりかねません。

ではどうしたらいいか？

その答えが**「相談」**です。

「ちょっと悩んでいることがあって、相談に乗ってもらえますか？　意見を聞かせてほしくて」

ときたらどうでしょう。**多くの人は人を助けたり、感謝されることは好きです。**だから意見を聞かせるくらいならと前向きな姿勢をとってくれます。

そんな中で素晴らしいアイデアが出た場合、意見を言ったのが相談先の人なら自分で自分の意見に納得している状態になります。すると手伝ってもらえる可能性がはるかに上がります。

なぜなら、こうした自分の判断で決定したことを自己決定と言いますが、自己決定したことには前向きに取り組むことができるからです。

あなたが何かお願いしたいとき、ちょっと我慢して相談してみてくださいね。

Point

お願いしたいときは相談をうまく使いましょう！

22 ひと言添えるだけで協力してくれる

どうしたって我々は嫌なことを伝えなければならないときがあります。また、「もしかしたら押しつけがましく感じられてしまうかも」という懸念があるようなときもあるでしょう。

そんなときに使えるのが、「クッション言葉」です。**本題を伝える前にひと言添えることで相手が受け取りやすくなる言葉のこと**を言います。

たとえば、相手の嫌がることかもしれないと懸念されるときには、「もしかしたら嫌かもしれませんが伝えていいですか?」とひと言聞いてみましょう。相手のＯＫが出てから話すと聞いてもらいやすくなるはずです。

もし、嫌だと言われたら身も蓋もありませんが、そんなときは「○○さんに頼まれちゃった……」などと誰かに悪者になってもらってください（笑）。詳しいやり方は後述します。

なお、ひと言添えないと、「こんな当たり前のこともできていないの」というふうに思われることもあります。「念のため、ご確認ですが」などと相手の立場を守るひと言を添えておきましょう。

押しつけがましいと感じられる懸念があるときには、「自分だけかもしれませんが」とひと言添えてみるといいでしょう。

他にも使えるクッション言葉はたくさんあります。

「恐れ入りますが」

「お手数をおかけいたしますが」

「ご足労をおかけいたしますが」

「もし可能であれば」

……などなど。

ここでとっておきのクッション言葉を教えましょう。

「ごめんね」という言葉です。この「ごめんね」の威力は大きいです。

常日頃前向きな人が「ごめんね、ちょっといい?」などと声をかけてくると、気になります。助けてあげようという気もするもの。もしかしたら、あなたのほうが上の立場かもしれません。でも自分を下げてみると素敵な人間関係が作れることもありますよ。

クッション言葉を身につけていきましょう。

Point
クッション言葉を効果的に使い分けてみましょう!

クッション言葉

本文でも解説した通り、そのまま伝えると不快にさせてしまう恐れがあるものに関して、クッション言葉というひと言を添えるだけで、表現が柔らかくなります。

依頼するとき

「恐れ入りますが」
「お手数をおかけいたしますが」
「ご足労をおかけいたしますが」など

断るとき

「ご期待に添えず申し訳ございませんが」
「せっかくのご厚意ですが」など

押しつけにならないようにするとき

「もしも差し支えなければ」
「ご迷惑でなければ」など

反論するとき

「申し上げにくいのですが」
「お言葉を返すようですが」など

クッション言葉をいろいろと覚えて、シチュエーション別に使ってみましょう！

第3章

好かれる人の聞き方

～人の話は「器」で受け止める～

23 話すは技術、聞くは器

上手な話し方を身につけるのは時間がかかるもの。ましてや私たちは芸人さんではありませんから、話芸で人を楽しませるレベルに達するほどに練習をすることは難しいですね。

あなたが好かれる人になりたいなら、何より**聞き上手になるほうがずっと早い**です。

人は自分の話を聞いてもらいたい生き物なのです。なぜなら話を聞いてもらえるということは、「あなたの話には価値がある」「そんな価値のある話ができるあなたにも価値がある」とメッセージしていることになるから。

だから**話を聞いているときの態度がとても大事**です。

とくに興味が持てない話をされるとき。そんなときにあなたはどんな態度をとっているでしょうか。

興味がないからと話題を変えてしまったり、適当な相槌をしてしまうと、この人ってちょっと嫌だなと思われてしまいます。

じつは話の聞き方には人間的な器が現れると言います。

「話すは技術、聞くは器」

あなたの器は聞き方に現れますし、器が大きい人だと思われたら幅広い人から好かれます。

興味がない話ほど、興味津々に聞く努力をしてみてくださいね。

Point

興味のない話でさえもしっかりと聞ける器が大きい人になろう！

24

話がつまらない原因は聞き手の自分だと考える

「私がいるところでつまらない話なんてさせない」

とある女性経営者がおっしゃっていました。彼女曰く、一緒にいて話がつまらなくなるのは話し手の問題ではなく、聞き手の問題だというのです。

そこで、彼女の話の聞き方をよく観察してみると、

- しっかりと相槌を打つ
- ずっと笑顔でいる
- 声を出して笑う

など、わかりやすく「あなたの話は面白い」と態度で表現していました。

聞き手が楽しそうに聞いていたら、話すほうも乗ってくる。話が乗ってきたら、その場も盛り上がる。その場が盛り上がれば、さらに話は面白くなる。だから**聞き手の自分が楽しそうに聞いてあげていたら、絶対につまらない話になんてならない**そうです。

たしかに、彼女がいる場はいつも楽しそうに人が集まっていました。人は楽しく明るい場所に集まります。楽しく話をさせてもらえるから、彼女はいつも人気者でいられるわけです。

私たちはつい、つまらない話をする人に出会うと、話し手の話し方が悪いと思ってしまいます。

しかし、実際は逆なのです。**話を聞いている人の態度や物腰、表情、そんなところで話の面白さが変わってきます。**あなたがいたら絶対にすべらない話にさせてあげられる。そんな素敵な人になったら、みんなから好かれること間違いなしです。

Point

聞き手の自分が楽しそうにしていたらその場が盛り上がる!

25 好かれる人は皆、「共感力」を大事にする

相手の気持ちに敏感になる

相手の話を聞いていると、私たちは2つのことを理解しようとします。それは情報と気持ちです。

人間は全てにおいて、情報を合理的に判断だけして動くわけではありません。むしろ『経済は感情で動く』（マッテオ・モッテルリーニ著：紀伊國屋書店）という書籍もある通り、**感じて動くことのほうが多い**のです。

だから相手の気持ちを察することができるというのは、好かれるために重要です。

では、相手の気持ちを察するにはどうしたらよいのでしょうか？

ここで一つ例をあげてみましょう。

ある日あなたは、女性の友人から相談したいから話を聞いてもらいたいと連絡がきました。会って話を聞いてみると、どうやら彼氏との関係に困っているというのです。

「彼からの連絡が遅い」

「私ばかり頑張っていて、相手からの見返りが少ない」

「別れたいわけではないけど、もっと自分に関心を持ってほしい」

などなど。最初は同情しながら聞いていたあなたも、だんだんと「あなたにも問題があるんじゃない？」と感じてきました。

「あなたの話の問題点は3つある。それはね……」

するとその友人は怒って帰ってしまいましたとさ。

これはありがちな間違った話の聞き方の例です。相手の気持ちを察することができていません。

おそらく仕事であれば、明確な指示が必要なケースが多いでしょう。

しかし、**プライベートの場合、その場を楽しみたいとか自分の気持ちをわかってほしいということのほうが多い**のではないでしょうか。

この話は、ただ聞いてもらいたいだけ、認めてもらいたいだけ。友人は相手への不満や「相手はここを直してほしい」という〝気持ち〟を聞いてもらいたいだけだから、アドバイスはいりません。

「うんうん、大変だよね」「わかるよ」と聞いてあげたらよかったのです。

アドバイスがほしいのか、共感してほしいのか。はたまた背中を押してほしいだけなのか……。

相手の気持ちになって考えてみて、どの聞き方がいいのか、判断するしかありません。

つまり、**相手の気持ちを考えながら聞く**のが一番です。

相手の気持ちに共感する

先ほどの例のように共感してあげることがベストであることも多くあります。共感することが大事だと思いましたら、**ところどころで相手の気持ちを確認してみてください。**

「それは大変な思いをしましたね」

「きっと嬉しかったのではないですか？」

「悲しい気持ちになりますよね」

といった具合です。

合っていることもあるでしょうし、もちろん違うときだってあります。でも人間は鍛えたところが強くなりますから、何度も確認をしているうちに段々と人の気持ちがわかるようになっていきます。すると共感力が高まり、相手には温かい人だなとか、近づきやすいな、話しやすいなと思ってもらえます。

Point　**人の気持ちに関心を持って話を聞くようにしましょう！**

26 ３種類の「きく」を使い分ける

「きく」という単語を漢字にすると、３種類あることをご存じでしょうか？

①聞く

英語で言えば「hear」ですね。耳に入ってくるものを音として認識している状態です。深く意味を探ったり、返しを考えたりなどしていません。なんとなくでＯＫの場であれば問題ありませんが、意見を求められるようなケースでこの「聞く」をすると相手に残念な思いをさせてしまいます。

②聴く

英語で言えば「listen」です。相手の気持ちを察したり、深く理解に努めている状態です。耳編に十の目と心と書きますから、目も心も傾けて相手に注目する。相手に好感を持たれる代表的な姿勢だと言えるでしょう。

③ 訊く

英語で言えば「ask」です。すなわち尋ねるということ。

ただ一方的に聴くだけでなく、質問をしながら相手の心情や背景まで察しようとする姿勢です。人は質問されると答えたくなります。また答える中で意識していなかった本当の気持ちや考えに気づくことがあります。

あなたは普段、どの「きく」をしていますか？

好かれる人ほど「聴く」と「訊く」のバランスがとてもよいのです。聴いてばかりでは会話は広がりませんし、訊いてばかりだと尋問のようになってしまいますね。半々ぐらいから始めてみてはいかがでしょうか？

「この人からは好かれたい」と思う人に出逢ったら「聴く」「訊く」を意識してみてくださいね。

セルフトークはしない

人の話を聞いているとき、あなたは何を考えていますか？

次はどんな話になるのか、何を質問したらいいのか、などと考えているかもしれません。もしくは全く関係ないことを考えていることもありますね。

これを**セルフトークと言いますが、相手の話を聞こうとするとき、これが原因で聴けていないこともあります。**

セルフトークとは自分との対話であり、1日に5万回もされていると言われています。

注目したいのはそのスピード。普通に会話する速さのなんと6倍ものスピードでされているというのです。ランニングと自動車くらいの違いがありますね。

だから我々は人の話を聞いているときにも、自分の中で考え事をすることができます。

「次はどう返そうか？」「その話の意図は何か？」「どんな質問をしよう？」などと考えているわけです。

ただこの聞き方の問題は、**自分との会話に一生懸命になってしまうと、自分の気になるところしか聞いていない場合があること。**聞きたいところしか聞いていないのでは、本当に大事なことをキャッチすることはできないでしょう。

私たちは人の話を聞くとき、目の前の人に集中しなければなりません。聞きながら考えるというマルチタスクは残念ながら成立しないのです。

人の話を聞いているとつい、自分の考えも広げてしまいますね。そこをじっと我慢して、相手の話に耳を傾けるようにしましょう。

Point

セルフトークが出ないように「聴く」「訊く」を意識しよう！

27

感じのいい人はやっている！笑い方のトレーニング

口角を上げて、目尻を下げる

「笑顔で話を聞いてたら怖いって言われました。どうしたらいいんでしょうか？」

私の講座を受講してくださった方からこんな質問をもらいました。

コミュニケーションにおける最強の武器の一つは笑顔でしょう。ニコニコしながら話を聞いてもらうと話をしているほうも安心できます。

たしかに、彼は笑顔で話を聞いて、リアクションもちゃんとしています。

それでも怖くなってしまう理由、それは目元が笑っていないから。

目が真剣なんですよね。しかも大きい。見られているほうが萎縮してしまいます。コミュニケーション慣れしていなかった彼は、まずは口角を上げることから始めていたのです。そのため口元は笑っているけれど、目元が笑っていないというアンバランスな状況が作り出されてしまったのでした。

これ、じつは笑顔の練習をするときにありがちな例です。口角を上げることを意識しましょうと言われ、本当にそれだけを実践するとうまくいきません。大事なのは、**目尻をセットで意識すること。**

練習しないとなかなか表情は変わりませんから、鏡の前で変顔してみるとよいですよ。人には見せられませんが（笑）。

鏡を見ながら表情筋が動いていることを確認してみましょう。

カメラを向けられて（特に自撮り！）撮るときの笑顔は、残念ながらコミュニケーションではマイナスになることが多いです。口角上げて、歯を見せて、目はぱっちり。いやいや、笑っているときに目がぱっちりはしませんから。

自然で素敵な笑顔は少し目が細くなり、目尻も下がるものです。

表情は表情筋によって作られます。顔には三十以上の筋肉があると言われていますが、使っていない筋肉は衰えます。だから目元の動きも意識していないと動かなくなってしまうのです。


口角上げて、目尻を下げる笑い方、練習してみてくださいね。

「ははは」を意識してみる

「岡崎さんの笑い方が好きです」

とありがたいことに言っていただくことがあります。

じつはこの笑い方もトレーニングで身につけました。

私は高校時代に合唱部にいたのですが、笑顔の練習をさせられます。当時、「へへへ……」という卑屈な笑い方を身につけてしまっていたので、先輩から「は」で笑いなさいと指導をうけます。**ちょっと高めの声を意識して「は」で笑う**のがポイントです。
すると口角が上がり、鼻腔が広がり、声の響きがよくなるのです。

「は」で笑うと明るく快活な印象になります。
「ひ」で笑うと後ろ暗い印象になります。
「ふ」で笑うと上品だけど一歩引いた印象になります。
「へ」で笑うと下心がありそうな印象になります。
「ほ」で笑うと偉そうな印象になります。

一番印象がいいのは間違いなく「は」で笑うことでしょう。
ぜひ意識して身につけてみてください。

Point

表情筋を意識して笑顔の練習をしてみよう

28

リアクションは
バリエーションとタイミング

リアクションはコミュニケーションの潤滑油

話を聞くときに欠かせないのがリアクションですね。コミュニケーションの潤滑油だという人もいます。


さて、ここで問題です！

あなたはどれだけのリアクションのバリエーションを持っていますか？

意外と話しにくいのが通り一辺倒に「はい」しか言わない人。リアクションが大事だと思ってはいるのでしょう。一生懸命に「はい！　はい！」と返してくれます。とくにこのタイプの人はタイミングも悪いことが多かったりします。ちょっとした文節ごとに

「はい！」と入ってくるから、話すほうのリズムが崩れます。

リアクションで大事なのは、バリエーションを増やすことと、タイミングを合わせること。タイミングは句読点「。」「、」まで聞いて、意味を汲みとってからすることを心がけるといいでしょう。

そしてバリエーションは「すなお」で覚えると使い勝手がいいです。

す…すごいですね。素敵ですね。

な…なるほど。

お…面白いですね。

ほかにも、

さ…さすがですね。

し…知らなかった。

す…素敵ですね。

せ…センスありますね。

そ…尊敬です。

などもあります。

また「わかります」とか、「いいね！」もいいですし「詳しくお聞きできますか？」などと尋ねてみるのもよいでしょう。このように**たくさんあればあるほどあなたの聞き方の武器になるはず**です。リアクション上手は好かれますよ。

初めて聞いたようなリアクションをする

上手な聞き手になるための大事な心構えがあります。

それは**「初めて聞いたようにリアクションする」**ということ。

つい知っている話を聞くと、私たちは先を読んでしまって今の話に集中してなかったり、場合によっては会話泥棒してしまいます。

当然ですが、それでは話している人は気持ちよくありません。

一番タチが悪い人は、「あ、その話のオチは知ってますよ。○○ですよね」なんて言い出す始末。

コミュニケーションにおいて大事なことは、その場その場で変わります。好かれたいなら、**どんな話も知らなかったかのように聞いてあげるとよい**でしょう。

知識を増やすことが目的の場なら、知っているので他の話をということもあります。

しかし、人間関係ではこれはマイナスにしか働きません。

ダメ！　会話ドロボウ！

会話倫理機構に怒られますよ。知らないふりして聞いてあげましょう。

面白いものでそうやって聞いていると、意外と自分が知らなかったことまで聞けたりします。そうしたら儲けものですね。

Point **リアクションの取り方一つにもこだわっていこう！**

29

気持ちよく話してもらえる！うなずきとオウム返し

人の2倍うなずく

あなたはわかりやすい人とわかりにくい人、どちらに好印象を持ちますか？

わかりにくい人には気を遣ってしまいます。気を遣うと当然疲れます。疲れる人と一緒にいたいとは誰だって思いません。

だから**気を遣わせないわかりやすい人のほうが、好印象を持たれやすくなります。**

話を聞くときも一緒です。

わかりやすく伝わっているのか伝わっていないのかを表現すると、話をしている人が気疲れしないで済むのです。

「聞いてますよ」「わかりますよ」というサイン、それがうなずきです。**うなずきが上手な人ほど、相手を気持ちよく話させることができます。**

明確な統計をとったわけではないですが、まったくコミュニケーションについてトレーニングを受けたことがない人の場合、ほぼリアクションが小さくてわかりにくいことばかりです。恥ずかしさがあるのでしょうか、うなずきや相槌が全くないことも少なくありません。

もしあなたがそんなリアクションの苦手な人に該当していたら、**まずは２倍大きくゆっくりとうなずくことから始めましょう。**ただ大きく首を縦に動かすだけです。これだけでも相手はかなり話しやすくなるはずです。

気をつけていただきたいのは**「ゆっくり」**という部分。慣れていないと慌ててしまって小刻みに回数ばかりが増えて、かえって挙動不審になってしまいます。

せっかく一生懸命に行動を変えても、怪しい人になってしまってはもったいないですね（笑）。

まずはゆっくりと、大きなうなずきから身につけていきましょう。

オウム返しを適度に挟む

「この週末、キャンプに行ってきたんですよ」

と会社の同僚に言われたら、あなたは何と返しますか？

①じつは私もキャンプが好きで……

②週末は天気が悪かったから大変だったでしょう。

③キャンプに行ってきたんですね。どうでした？

ケースバイケースですが、ざっくり解説していきましょう。

①をしてしまう人は会話泥棒。キャンプだけでなく映画でも食事でも、自分が知っていたり体験していると、会話に乗っかって自分のペースに持っていってしまう。これでは相手に好かれる聞き方にはなりません。

②をしてしまう人は前提がネガティブで会話がつまらないかもしれません。映画の話になってもあの映画ってここがダメだよね、といった具合にダメ出しばかり。

③をする人は一番会話が広がりやすいでしょう。一般的にオウム返しと言いますが、簡単なようで意識しないとできていない人も多いです。

楽しく会話を続けるためのコツは、適度にオウム返しを挟むこと。そうすると「私はあなたの話をちゃんと聞いてますよ」というサインにもなります。

ただし、ここでいう「適度」に明確な答えはありませんが、少なくともやりすぎはおすすめしません。なぜなら鬱陶（うっとう）しく感じさせてしまうから。

他にも話を要約して確認することも、話を聞いているサインには有効でしょう。リアクション、オウム返し、要約と確認。これらを組み合わせて話を聞くことができたらあなたは話を聞くプロ認定。好かれること間違いなしですね。

よいオウム返しと、うざいオウム返し

ここで「よいオウム返し」と「うざいオウム返し」の違いをお伝えしておきます。それは本当に興味があって、**確認するためのオウム返しなのか、ただテクニカルにオウム返ししたほうがいいからしているだけのオウム返しなのかの違い**です。

コミュニケーションスクールなどでオウム返しを習うと、練習を兼ねて意識的にするのでしょう。気をつけないとこれが癖になってしまいます。

すると、どんどんわざとらしくなり、気持ちの悪い、うざったがれるオウム返しになってしまうのです。

もちろん練習は必要でしょうから、最初は意識してやる必要があります。
しかし、確認のためにするものであって、オウム返しのためのオウム返しにならないように気をつけてくださいね。

Point

気持ちよく話してもらうための技術も気を配ろう！

30 会話が盛り上がる！ 2つのクエッション

聞き上手は質問がうまい

聞き上手な人の特徴の一つに「質問がうまい」ということが挙げられます。では質問がうまい人は、どんなことを意識しているのでしょうか？

まず大事なポイントは**「回答しやすい質問からする」**ということです。

もちろん、核心的に聞きたいこともあるでしょう。

しかし、話のきっかけがつかめていない中であまり重たい話はしたくありません。天気でもいいし、最近の出来事でもいいです。共通の趣味や仕事の話があるならそれでも結構でしょう。気軽に話せるところから質問をするといいです。

話しやすさには順序があります。

時間軸でいうと、**現在⇩過去⇩未来で尋ねるといい**でしょう。今やっていることは、当然一番話しやすいはずです。過去もすでに経験していることなので話しやすいもの。

しかし、未来はまだ起きていませんし、それほど真剣に考えていないケースも多いでしょう。

一生懸命に未来について質問したり、話し合いを求める人がいますが、要注意です。将来のゴールはもちろん大事なことですが、話しやすいことばかりではないからです。

また質問をすると、思ったような回答がないこともあります。

たとえば、将来の目標の質問をしたとしましょう。相手から回答が出てこない。そのときに大事なのは、答えがないことも正解だと思うこと。

質問に答えが返ってこなかったら、自分の質問が悪かったと思いましょう。間違えても答えが返ってこない相手を悪者にしないでくださいね。

オープンクエッションとクローズドクエッション

質問には種類がありますが、意識して使ってほしい2種類の質問があります。それは、**オープンクエッションとクローズドクエッション**です。

オープンクエッションとは、回答が複数あるもので、答える側の自由度があります。たとえば、あなたに部下がいたとします。営業担当に「今日はどうだった?」と訊く。これはオープンクエッションで、さまざまな答えがありえるでしょう。

一方、クローズドクエッションで訊くと「今日は売れた?」となります。この答えはYESかNOしかありません。

オープンクエッションは会話を広げるときに有効ですが、気をつけないと答えの出ない会話になってしまいます。一方、クローズドクエッションははっきりと答えが出ますから、物事が前進しやすいですが、気をつけないと殺伐とした会話になります。

物事はバランスです。両方ともメリット、デメリットがあります。

たとえば、初めて出会うとき、クローズドクエッションばかりだとこうなります。

誕生日はいつ？

出身はどこ？

趣味はなに？

仕事はなに？

好きな食べ物はなに？

こんな感じで聞かれると、答えはシンプルなので回答しやすいですが、**どことなく詰問されているようで居心地悪くなってしまいますね。**あなたが好かれたいなら、こんな会話を目指してみてはどうでしょう？

あなた「誕生日はいつですか？」

（クローズドクエッション）

←

相　手「8月です！」

あなた「8月と言えば夏休みですね。休みはどうお過ごしですか？」

（オープンクエッション）

←

相　手「映画が好きでして。だから最近の休みは映画館に行くことが多いですね」

あなた「映画なら私も好きですよ！　どんな映画がお好きなんですか？」

（オープンクエッション）

←

相　手「サスペンスものが好きですね。特に……」

このように、オープンクエッションとクローズドクエッションは混ぜながら使いましょう。なかなか瞬時に判断することは難しいかもしれませんが、質問はトレーニングです。

混ぜながら偏らないように会話を楽しみましょう。

Point **オープンクエッションとクローズドクエッションはバランスよく！**

31

話を整理して聞ける3つのステップ

伝えたいことが伝わらないと、もどかしい気持ちになることありますよね。そんなとき、見事に話を整理してもらったらどんな気持ちになりますか？

「この人すごい！　わかりやすい！」

となりますよね。話を整理して聞ける人は一目置かれる存在になれます。

話を整理するときに意識されるといいのは、次の３つです。

①結論

②根拠

③具体例

図のようにピラミッドを頭の中に描いてみてください。下がしっかりしているほど安定感があるピラミッドになりますよね。話を聞いているときにこのパーツを埋めていきます。

「結論は〜〜。その根拠は××。根拠の具体例は△△」と整理しながら話を聞いていくのです。これを**ピラミッドストラクチャー**と言います。ロジカルシンキングのフレームです。話を整理できる人は知ってか知らずはこの形に収まるように話を聞いているのです。

順番通りに話してもらえることは少ないので、自分の頭の中で整理するようにしましょう。

Point **あなたの中で話を整理してあげましょう！**

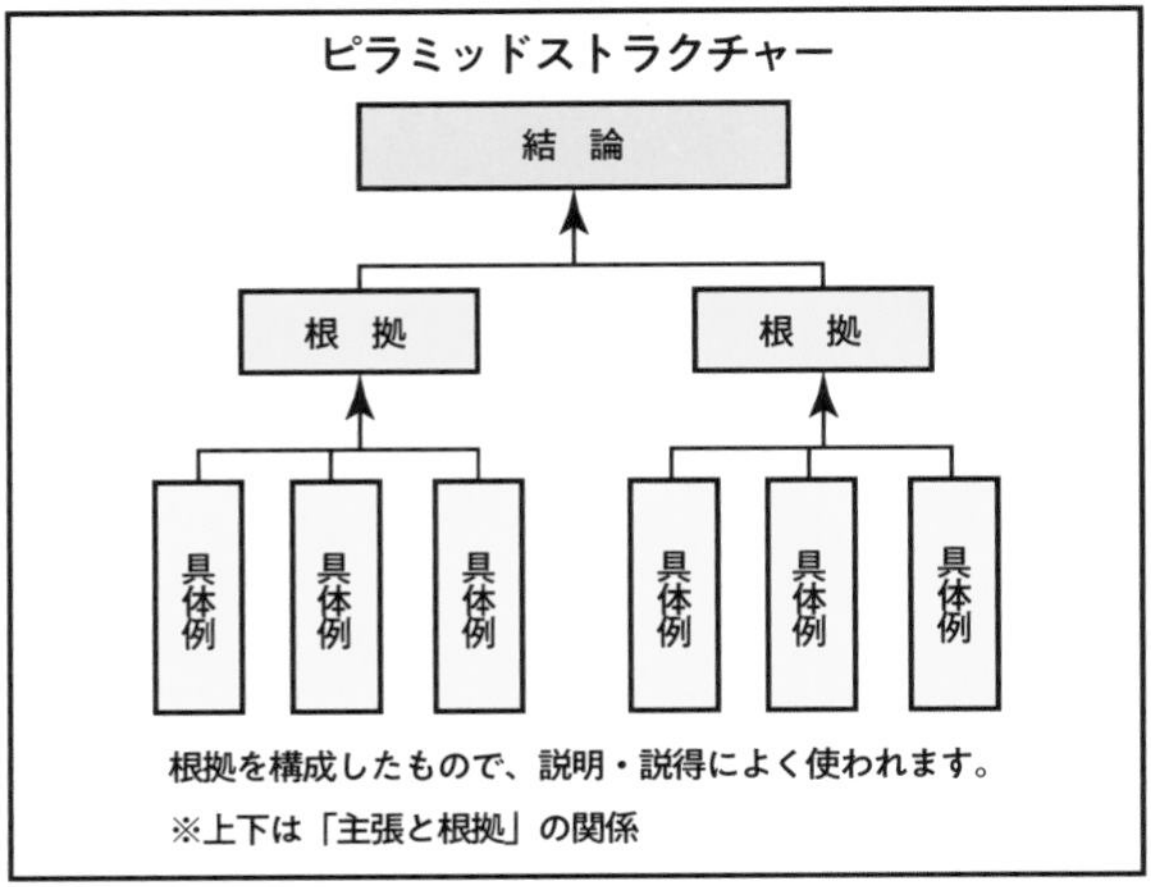

ピラミッドストラクチャー

結　論

根　拠　　根　拠

具体例　具体例　具体例　具体例　具体例　具体例

根拠を構成したもので、説明・説得によく使われます。
※上下は「主張と根拠」の関係

第4章

好かれる人のしぐさ・空気の作り方

～つい心を惹きつけられる理由～

32

毎日がイキイキしてくる！目標からのブレイクダウン

好かれる人のしぐさで共通しているのは、ひと言で言うならイキイキしていることでしょう。ちなみに漢字で書くと「活き活き」とも「生き生き」とも書きます。活発に生きている様子を表しているそうです。

では、どうしたら活発に生きることができるのでしょうか？

活発になれるかどうかは性格によると思っている方もいるようですが、それは間違いです。

それは**目標を持つこと。**目標を持つと毎日のやることが決まります。やることがあるから人はイキイキとします。

どんな目標でもいいです。目標から日々やることを決めていきます。

たとえば私の場合、起業をすることを決めたときはとにかく脱サラが目標でしたし、脱サラ後はまずは月収１００万円稼ぐことが目標でした。

こうして目標を決めたら、日々何をしていくのかをブレイクダウンしていく必要があります。

月収で１００万円を目指すと、月商１０００万円ほどになる計算でした。１０００万円を売るためには、毎日のアポイントメントは最低でも3件。日によっては30分に1件のペースでそれを12時間以上連続でやると決めたこともありました。

まだできることが少なかったので、目標に対して力技しかできなかったわけですが、とてもよい経験になりました。

じつは起業してすぐに取引先のトラブルに巻き込まれたことがあります。その結果、車内生活を1年半もすることになりました。

しかし、起業したからには**絶対結果を作ろうという目標がありましたから、車内生活中も毎日が楽しくてしょうがなかった**のです。

車内生活をするとまず困るのはお風呂。当然、清潔な状態は保ちたいですから、せめてシャワーくらいは浴びたい。

すると思いついたのがフィットネスジムへの加入でした。運動もできてお風呂まで入れる。しかも広い（笑）。

また夜、車で寝ているとお巡りさんに職務質問されることもたびたび。無駄に仕事を増やしてしまって申し訳なかったですが、途中から警察に声をかけられるのが楽しくもなりました。

きっとこの経験は**将来のネタになると思っていたこともよかった**と思います。

そして面白いもので楽しく仕事をしていると、次から次へと仕事がうまくいき、車内生活から銀座に住むようになっていました。同じ仕事を頼むならイキイキしている人に頼みたいと考える人が多いでしょうから、目標に向かって一生懸命にいると、いいことがいっぱい起こりますね。

逆に言えば、やることがないと人間は腐っていってしまいますね。溜まる水は腐るという言葉にもありますが、人間も溜まってくると腐っていく。毎日同じことの繰り返し。変化もなければ、面白いことも起きない。一気に老けていきそうです。

ある経営者がこうおっしゃってました。

「人生は大変なほうがいいよ。そうしたら大きく変われるんだから」

目標に向かって大変を選択してみませんか？

Point

今、たとえ辛くても、目標を持っているとイキイキやっていける！

33

顔の表情一つで協力してくれるか決まる

好かれる人の条件の一つに笑顔があります。誰でも笑顔の人を好むし、一緒にいたいものです。だからつとめて明るく笑顔で過ごすこと。これは好かれる人になるために大事な条件の一つです。

笑顔が最強の武器！

「笑えるのはね、人間だけなんだよ」

『開運！ なんでも鑑定団』の鑑定士として有名な北原照久先生の言葉。

本当にその通りだと思います。笑っているように見える犬はいますが、笑っているわけではないですね。どんな動物も笑うことはできません。

だから**笑顔って、人間が人間らしくあるためになくてはならないもの。**私たちが笑顔に好感を持てるのは、きっとそんな理由なんじゃないでしょうか？

実際、北原先生のご自宅やイベントに参加させていただくと、いつも人がたくさん集まり、みんな笑顔になります。その輪の中心にいる北原先生もやはり笑顔。我々は笑顔が好きだし、笑顔の人のまわりには人がどんどん集まるのです。

もちろん怒られているときにまで笑顔だと、イタイ人になってしまいますから多少のＴＰＯはあります。でも基本は笑顔がいいです。**全力な笑顔ではなく、少しにこやかにいる。いわゆる「微笑む」表情を身につけたい**ですね。

そうすると近くに行きやすいし、まわりに人が集まります。

いくつか笑顔を身につけておくと最強の武器になりますよ。

心から笑えないときは微笑みでいい

一説には赤ちゃんが親を見て笑顔になるのは、生理的微笑と言って、親から好かれるための自己防衛機能とも言われています。そのくらい**笑顔は人から好かれる武器になる**のです。

笑うことはもちろん大事。

しかし、人間いつも笑顔でいるのは辛いと感じることもあります。笑っていても心が泣いていたら虚しさばかりが際立ちます。

ときには泣きましょう。ときには怒りましょう。

感情にふたをするよりも、たまにならその人間臭さがあなたの魅力になります。

とはいえ、関係のない人に感情をぶつけると、うまくいかないことが起こるのもたしか。だから微笑みを身につけるといいでしょう。軽ーい、笑顔。

満面な笑顔は辛くてできなくても、気持ち口角を上げるくらいならできます。心から笑えないとき、でも不機嫌を表に出せない場面ではこれが武器になります。

勘のいい人なら程よい距離をとってくれるでしょう。そうでない人なら「ちょっと考え事があるので、一人にしてもらってもよいですか？」などと言えばよいのです。

「笑う角には福来る」と言いますね。微笑みにだってちゃんと福は来ます。**笑顔が苦しいときにはほんの一ミリでいいので、口角を上げてみましょう。**

変顔でうまくいく

「笑顔は最強の武器」とお伝えしましたが、相手を笑わせることができたら、もっと強いですね。

私が経営で悩んでいるときのことをお話しさせていただきます。

そのときはなかなか仕事仲間が思ったように動いてくれず、叱ってもダメ、お願いしてもダメ、そんな状態でした。スタッフとして雇っているわけではないので、命令するわけにもいかない。かと言ってその人の動き次第では売上も左右される。困ったものだと悩んでいると、ある経営者にこう言われました。

「岡崎くん、顔怖いよ。変顔してみ。そしたらうまくいくから」

いやいや、変顔って。自分のプライドもありますし、やりたくない。でも売上を上げる必要もあって、藁にもすがる思いで試してみました。

すると仕事仲間からこう言われました。

「そんなお願いされたらやるしかないですね。しょうがない、頑張りますよ」

いやいや、びっくりしました。後日談ですが、その彼になぜあのとき動いてくれたのかを尋ねてみました。

「岡崎さんはいつも難しい顔してて怖いから、一緒に仕事したくなかったんですよ」

と言うのです。

なるほど、自分で気がついてないだけで、まわりはちゃんとわかってたんですね。表情筋も柔らかくなりますし、試しに変顔してみてはどうですか？

Point

笑顔を作るのが難しいなら微笑むところからはじめよう！

34

海外で日本人が誤解されるささいなこと

先日、ガステ美智子先生が主催してくださり、フランスで講演をさせてもらいました。素敵な方ばかりで終わったあとも懇親会で盛り上がります。セーヌ川沿いのレストランでみんなで乾杯。優雅でとても楽しいひとときでした。

ただ、こんな指摘をいただきました。

「日本人は乾杯のときに目を見てくれない。それはフランスでは〝あなたのことは嫌いです〟というメッセージになるから気をつけてくださいね」

なるほど。そういえばついついグラスを見てしまいます。上手にグラスを交わせているか、気になってしょうがない。「目は口ほどにものを言う」と言いますから、そう考えると「相手のこと」を思うよりも、「グラスの当て方」のほうを大事にしていることになるのもわかります。

実際、**目を見ることで伝わる想いがありますね。**当たり前の話ですが、愛の告白を目も見ないで言われたら嫌ですね。ちゃんと自分のことを見て伝えてほしいと、誰でも思うでしょう。

これは告白や乾杯だけでなく、お礼を伝えたり、謝罪したり、自分の想いを伝えるときにもとっても大事なポイントです。

目をちゃんと見れる人は好感を持たれやすいのです。なかなか私たち日本人には目を見るという習慣がないものですが、意識して身につけてみましょう。

Point

目を見て伝えることを習慣にしよう！

35 下手なものをプレゼントすると逆効果

気遣い上手な人は、人から好かれます。気遣い上手になって、一緒にいる人が心地よくいられるように配慮したいですね。

わかりやすい気遣いの代表はプレゼントでしょう。心温まる贈り物は誰だって喜びます。

そこで問題です。あなたがプレゼントを贈ろうと思っている相手がワイン好きだとわかっているとき、ワインを贈りますか、別のものにしますか？

「ワイン好きならワインを贈るでしょ」と思われた方は気をつける必要があります。

もちろんあなたもワイン通で自信を持って勧められるものなら、よいです。

しかし、相手の方が詳しい場合、必ずしも好みに合うかわかりません。それならワインに合うおつまみをプレゼントするほうがよいのです。

私の講演仲間もこんなことを言っていました。

「お酒好きだから買ってきましたよ、と差し入れてくださる。とても嬉しいのですが、問題はその先。講演会後の懇親会もあり、重たい、しかも割れるかもしれない酒瓶を渡されても困ってしまう」

というのです。たしかにその後の行動まで考えるとプレゼントも変わりそうですね。

つまり、**本当に気遣いできる人はもう一歩先を考える**のです。

ワイン好きだからワインをあげるのではなく、ワインを楽しむプラスアルファーを渡せないか考えてみる。これこそ思いやりのあるプレゼントです。相手の気持ちや状況に立って考えてみると気遣いのレベルが上がりますよ。

Point

相手の気持ちや状況をつかんで気遣いしよう！

36

まわりの人が気持ちよく過ごせる気遣いの本質

弱い立場の人にも気を遣う

ご存じでしょうか？　これ、一時期話題になったのですが、ビールの頼み方で値段が変わるお店の張り紙です。その張り紙には次のように書かれています。

「おい、生ビール」…１０００円（税別）

お客様は神様ではありません。
また、当店スタッフはお客様の奴隷ではありません。
当店にとって一人一人が大切な奴隷　宝物なのです。

皆様のご理解とご協力をお願いします。

コンロ家より愛をこめて

私はこの取り組みは本当に素晴らしいと思っています。**お金を払えばなんでもいいというものでは当然ないから**です。店員にも人格があり、尊重されるべきです。また、誰にでも気を遣える人はまわりの人から一目置かれます。丁寧で素敵な人だなと思われるわけです。

たとえば、水差しがテーブルにあるのであれば、同席の人の水が空いていたら入れてあげる。寒そうにしていたらエアコンの温度を上げてもらうように店員さんに声をかける。注文が終わったり、店を出るときにはありがとうと店員さんに伝える……。

こんな**ちょっとしたことで、印象がよくなる**のです。

ちなみに先ほどのお店はTwitterで反響があったのち、このようにコメントしています。

実際に「おい、生ビール」と言われたところで、特に生ビールの価格、質は何も変わりません。当社スタッフがいつもよりほんの少しだけ嫌な思いをするだけです。

誰にでもどんなときでも気を遣える人でありたいですね。

おしゃれは相手のためにする

居酒屋好きな私ですが、ときにはドレスコードのあるレストランに行くことがあります。またパーティや結婚式などにお声がけいただくことも。

さて、ドレスコードとは何のためにあるのでしょうか?

多くの人はお店の都合と考えがちですが、それは間違いです。

正確には、**ドレスコードは、その場にいる全ては人が快適にひとときを過ごすために必要なルール**です。

たとえば、あなたが結婚を申し込もうとしていたとしましょう。そのときにチューハイ片手に「カンパーイ」とやっているグループが隣にいたらどうでしょうか？　おそらく嫌でしょう。

しかし、その場が居酒屋で楽しくワイワイやろうとしている場なら、それは相手が悪いのではなく、自分の場所の選択が悪いのは明らかです。

だから高級なレストランを予約したり、特別な場所をセッティングするわけです。そう考えると、高級なレストランにドレスコードがあるのは当然。その場にあった使い方をしているわけですから、お金を払うのだから好きにさせろというのは間違いなのです。

好かれる人になりたいと思うなら、**自分以外の人の立場に立って物事を考える必要があるでしょう。服装や立ち居振る舞いも一緒**です。その場にいる人が気持ちよく過ごすにはどうしたらいいかを考えてみる。そんな人って素敵だと思いませんか？

Point

まわりの人のことを考えて、服装や立ち居振る舞いに気を配ろう！

37 過去の失敗をネタにできる器の大きさ

人はなぜ自慢話をするのは好きで、聞かされるのは嫌いなのでしょうか？
そして自分がされたら嫌なはずなのに、自分の番になると誤った轍(てつ)を踏んでしまうのでしょうか？

自慢話の根底にあるもの、それは自慢をしないと自分の存在価値を認められないと思っている自信のなさです。かくいう私も誰かの自慢話を聞かされていると、それに被せて自慢をしないと気が済まない、なんていうときもありました。とかく自信がないと、人は自分を守るために必死に自慢話でガードしてしまうのです。

だから逆に失敗談を話せる人は愛されます。「うまくいく人は可愛らしさがある」とお伝えしましたが、ダメだなってところに可愛げが出るんです。
なにしろ「人の不幸は蜜の味」と言いますから、失敗した話は好まれます。好まれる話をする人だから好かれます。また**自分のダメなところを表に出せる大きな器がある人としても見てもらえます。**

失敗談を語れるってとてもお得なのです。

仕事に致命的な影響がある失敗談などは控えたほうがいいですが、道を間違えて彷徨(さまよ)ったとか、忘れ物をして困ったくらいの話ならいくらしても大丈夫です。また海外でやらかした話なども喜ばれますね。過去の失敗はネタにしましょう。

Point
失敗談や自分のダメなところを表に出してみよう！

38 ネガティブな話題に入ってはいけない理由

たくさんある話題の中であなたは、ポジティブな話題とネガティブな話題、どちらが好きですか？

正直に言います、私はけっこうネガティブな話題が好きでした（笑）。

先ほどもお伝えしました、人の不幸は蜜の味がすると言いますから、悪口、陰口、人の失敗談……、そんな話をしていると楽しくなってしまいます。

でもこれ、本当に危ない。

返報性の原理はお伝えしていますが、自分がしたことをされるのが人生です。悪口を言っていると悪口を言われます。少なくともその場にいた人は「この人は人を悪く言う人だ」というレッテルを貼ることでしょう。だから**ネガティブな会話が中心な場に遭遇したら、こそっと逃げることをおすすめします。**

不快な話に加わらない

「三十六計逃げるに如かず」とはよく言ったもの。

いざというときに逃げるということほど、有益な手段はないときもあります。逃げるというと聞こえは悪いかもしれませんが、本当に大事なことを大事にするために、逃げることが必要になる場合があるのです。

人間関係で本当に大事なことは**「良好な関係を築く」**ことでしょう。そのためには逃げたほうがいい場合だってちゃんとあるのです。

そんな逃げたほうがいいことの代表例が、その場にいない人の悪口や噂話といった「不快な会話」です。悪口は言わないほうが好かれることはお伝えしましたが、人間どうしてもネガティブな会話で楽しんでしまうときがあります。共通の敵がいると信頼関係が深まるとも言いますから、共通の敵の悪口を言うことで連帯感を高めているのでしょう。

しかし、この会話で生まれた信頼をあなたは大事にしたいと思いますか？ 明日は我が身かもしれないと思ったら、適度に距離感をとってしまうのではないでしょうか。

そんな**「不快な会話」に混じらないために一番いい方法が逃げる**です。

この会話に混ざっていたら不快な話になりそうだなと感じたら、とっととその場を去りましょう。

パーティなどならこそっと離れればいいし、数名ならトイレに逃げるか、電話が入ってしまったと口実を作ればいいのです。逃げる手段はいくらでもあります。上手な逃げ方を身につけたいですね。

好かれる人はその場の会話をポジティブにしてくれます。どうやってポジティブにするのか？ それは質問を活用します。

たとえば、「最近何か嫌なことあった？」と聞けば、嫌なことの会話で盛り上がることでしょう。

逆に、「最近何か楽しいことあった？」と聞いたら、楽しいことの会話で盛り上がるはずです。

質問は会話の呼び水ですから、訊き方一つでまったく違う会話になるのです。ポジティブな会話になる質問を心がけましょうね。

４Ｄワードを使わない

ネガティブなワードを使う人には、ネガティブな人が集まります。ネガティブな話題に入らないようにするには、ネガティブな言葉ではなく、ポジティブな言葉をできる限り使うことをおすすめします。

ところで、会話をつまらなくする魔法の４Ｄワードをご存じでしょうか？

それは、**「でも・だって・どうせ・ダメ」**の４つです。具体的にはこんな会話を想像してみてください。


「今週末、ディズニーランド行かない？」

「でも雨みたいだよ」

「どうせ雨じゃ楽しくないよね」

「ダメな週末になっちゃいそうだね」


ついついこういった４Ｄワードを使っていませんか？

では、この接続詞を意識して３Ｓに変えていきましょう。


「すごい！ 素敵！ 素晴らしい！」の３つです。

「今週末、ディズニーランド行かない？」

「素敵だね！ それはぜひ行きたい。だけど天気予報は雨みたいだね」

「雨のディズニーランドも素晴らしい体験ができるよ」

「すごい！　それならぜひ行きたいね」

話し出しに使ってしまう癖がついている方もいますが、意識して直すとよいでしょう。

３Ｓを意識したらあなたの素敵が輝きますよ。

Point

会話や使う言葉をポジティブにしよう！

39 うまくいく人は自分の機嫌は自分でとる

香川県観音寺市に研修で伺ったときのこと。

主催をしてくださったのがドローンアーティストのとまこさんという方。

彼女は観音寺市のＰＲをするための活動をされていますから、研修以外の時間は参加者をさまざまなところに連れて行ってくださいました。

すると行く先々で、

「ここはね！ こんなところが素敵なんです！」

と満面の笑顔で説明して回ります。お店などに行くと、そのご機嫌な姿にお店の方も嬉しそうにして仲良くなっていく。

ご機嫌の連鎖が始まっていきます。

誰でも経験したことがあると思いますが、人の機嫌はうつるもの。そして人は辛い気分よりも楽しい気分を味わいたい。だからご機嫌でいる人と一緒にいたくなる。

そこで大事なことが一つあります。それは**「自分の機嫌は自分でとる」**ことです。ついイライラすると人に慰めてほしくなる。気持ちはわかります。たまにはいいかもしれませんが、いつもになるとまわりの人も疲れてしまいます。

ドラマを見る、外を歩いてみる、お笑いや舞台を楽しむ。なんでもいいですから、**自分の機嫌がよくなる手段を持つ**といいですね。ちなみに私はお酒を飲むのが一番の自分へのご褒美であり、ご機嫌にする方法です。

あなたがご機嫌になる方法を見つけましょう。

Point

機嫌がよくなる手段を見つけよう！

40

成功者の一部も損している！お礼などの受け取り方

あなたは幸せそうな人と、不幸せそうな人、どちらが好きですか？

ほとんどの方は幸せそうな人だと思います。あなたが好かれる人であるために、幸せそうに生きることはとても大事なことの一つです。

幸せに生きるための秘訣があります。それは**「受け取り上手になる」**こと。じつは成功しているけど幸せでない人の多くは、受け取り下手であることが原因だったりします。逆に一般的に言われる成功ではないけれども、幸せに過ごせている人は受け取り上手なことが多いです。

「与えなさい、そうすれば与えられる」という言葉を聞いたことはありますか？

成功哲学などを学ぶと必ず教えられます。与えることが成功するために一番大事なことだと信じ、身を粉にして与えることに一生懸命になる。段々と自分が疲弊する。収入は上がったかもしれないけれど、いつも険しい顔ばかりしてしまう。そんな悪循環に入っている人にたくさん出会います。

そんな人には**「そろそろ受け取ってもいいんですよ」と伝えてあげてください。あなたが受け取ると喜ぶ人もいるから。**

プレゼントの話もしましたが、プレゼントは送る側も大事ですが、もらう側も大事です。大いに喜んであげましょう。するとプレゼントしたほうも嬉しくなります。もしかしたら期待外れだったものをもらうケースもあるでしょう。

しかし、ものは期待はずれでも、自分のことを思ってくれている気持ちは嬉しいものです。他にも誰かから褒められたり、認められるケースもあります。あなたは違うと思っても相手にはそう映っているのですから喜んで受け取りましょう。

Point　**受け取り上手になると幸せが増す！**

41

意図的に作れる！相談しやすい雰囲気

私が胃潰瘍で入院したときのこと。２か月間点滴生活で食事は一切なしで過ごしていました。

退院間際になりお医者さんが問診していると、衝撃の一言が。

「え⁉ なんで点滴しているの？」

なんと１か月前には回復食にしなければいけないという指示が忘れられていたらしいのです。幸い、まだ18歳で体力がありましたから、問題なく退院することができましたが、完全に医療ミス。もちろん医者も人間ですから、ミスをすることはあるでしょう。

ただ気になることがあります。これって本当に誰も気づかなかったのでしょうか？

ある医療関係者が言っていたことなのです。医療ミスを看護師は気づいていたり、疑問に思っているケースは少なくないそうです。

しかし、医者に言えない雰囲気が漂っている。結果、放置され医療ミスにつながるという構図。だから**普段から話しやすい雰囲気作りはとても重要**です。仕事のミスをなくしたり、未然にトラブルを防ぐことにつながります。

話しやすい環境を作るために重要なこと、それは**「存在承認」**です。「あなたのことを見てますよ、気づいてますよ」という態度をとることを存在承認と言いますが、話しかけにくい職場や人間関係ではここが抜けます。**一人一人の声がけやあいさつ、ちょっとしたときのお礼、それが話しやすさにつながる**のです。

もし話しかけにくい雰囲気を自分がまとってしまっていたら、まずは挨拶から始めてみてください。きっと職場の雰囲気が変わりますよ。

Point

普段から話しやすい雰囲気を醸し出すようにしよう！

42

特別な力がなくても価値が上がる！「紹介ぐせ」

いいのか悪いのか、私には変な癖があります。それは飲んでいるといろいろな人に連絡したくなるというもの。よく電話をしてしまう人の一人が「ほめ育コンサルタント」で世界のスピーカーが集まるＴＥＤで№１再生数を誇る原邦雄先生。

先日も日本で最も助成金サポートをしている「助成金制度推進センター」の方と飲んでいるときに話題にあがり電話してしまいました。すると話が面白いように広がる。気がつけば仕事をご一緒するという連絡をいただきました。

ちなみに助成金制度推進センター様の顧問をさせていただいていますが、このご縁をいただいたのはピーター・アーツを倒した元総合格闘家、大山峻護先生。大山先生も人のご縁を大事にする方で毎週のようにご縁繋ぎ会を主催され、多くの方がそのご縁から仕事につながっています。

仕事というのは人と人とのつながりで生まれます。だから人を紹介してくれる人の価値は非常に高くなる。特別な能力はなくても紹介癖をつけるだけでいいのです。飲み会を企画してもいい、話題に出たら電話してつないでみるのもいい。

人と人のハブになってみてくださいね。

Point

いい人を紹介するくせを身につけよう！

第5章

好かれる人の仕事の進め方

～仕事も人間関係もあなたの味方に！～

43

仕事を楽しむ！楽しまないから疲れている

仕事を楽しんでやる人になる！

ダニエル・キムの成功循環モデルをご存じでしょうか？

マサチューセッツ工科大学の教授であるダニエル・キム氏が提唱した、業績が伸びる組織についての理論です。端的に言えば、うまくいくチームを作りたいなら、人間関係の質が高い組織に作りなさいということになります。正確に知りたい方は成功循環モデルでお調べくださいね。

またホーソン実験というものがあります。これは、工場における生産性について調べた実験で**「作業能率や生産性を左右するのは、働く人同士の個人的な関係性によって、生産性が大きく左右されてくる」**ということがわかっています。

さて何が言いたいかというと、**仲のよさほど円滑で効果的な仕事をするために、大事なことはない**ということです。

たとえば仲のいい人、もっと言えば好感を持てている人からの仕事の依頼があったとします。手伝ってあげようという前提でいるでしょうから、話が早いです。

逆に嫌いな人から仕事の話が来たら、「どうやって断ろうか？」と考えながら話を聞くので、遅々として進まないなんてこともあるのではないでしょうか。

だからあなたが仕事のできる人になりたいなら、好かれる人になって良好な関係を築くことは必須項目の一つなのです。

では、どうしたら仕事において好かれる人になれるか？

それは、**「仕事を楽しんでやる人になる」**ことでしょう。楽しそうに仕事をしている人を見たら素敵だと思えるし、応援したくなります。

とはいえ、なかなか楽しい仕事なんてないと思う方もいるかもしれませんね。大事なのは、**楽し「い」仕事をするのではなく、楽し「く」仕事をすること**です。たった一字しか違いませんが、この違いが大きいのです。楽し「い」は受動的、つまり受け身なのに対して、楽し「く」は主体的、つまり自分から動いた結果です。

仕事が楽しくなったら仕事に疲れることもなくなります。仕事に疲れないから、さらに仕事が好きになります。そうしてイキイキと仕事をしていたら、仕事においてもどんどん好かれる人になれますよ。

まずそのための第一歩は、楽しく仕事をすること。意識していきましょう。

仕事をゲームにする3つのコツ

『仕事はゲームにすると上手くいく』（秀和システム）という書籍があります。建設会社役員として働きながら複数のビジネスを手がける石川和男先生の著作です。

仕事がつまらなくなってしまう理由は、つまらなくなる仕事の仕方をしているからです。**ゲームのように楽しむコツさえわかってしまえば、誰でも楽しく仕事をすることが**

可能です。仕事をゲームにするコツは次の3つです。

①ゴールを明確にする

- いつまでにどんな結果を作るのか?
- それは自分にとってどんな価値があるのか?

この2つを明確にしてみましょう。やりたいから、お金になるからなど、あなたが頑張れるものならかまいません。ゲームも何のゲームかわからなければやらないですよね。

②小さな一歩から始めてみる

目標は大きいと心をワクワクさせてくれます。しかし、行動し始めると自信を失います。「そんな大きなことできるの?」となってしまうわけです。

そこで大事なのが、小さな一歩からスタートすること。いきなり魔王との対戦からスタートするゲームでは誰だってやる気をなくします。スライム（ドラゴンクエストで一番弱い敵）から倒していきましょう。

③ 成長を喜ぶ

人間には開始動機と継続動機の2種類があります。開始動機はお金持ちになりたいとか、出世したい、認められたいとかでOKです。しかしすぐにお金持ちにはなれないし、出世だって時間がかかります。

そこで必要なのは、**成長に目を向けること**です。自分の成長に気づくために、ぜひ何らかの形でやったことを振り返りましょう。結果も大事ですが、自分の成長に目を向けると、ゲームのステータスアップのような感覚で継続動機ができて、楽しくなってきますよ。

Point 仕事をゲームにして楽しい働き方を身につけましょう！

仕事をゲームにするコツ

本文でも解説した通り、楽しい仕事をするのではなく、仕事を楽しくすることがポイントです。その工夫として次の３ステップを紹介します。

ゴールを明確にする

- いつまでにどんな結果？
- 自分にとってどんな価値がある？

　を考えてゴールを決める

小さな一歩から始めてみる

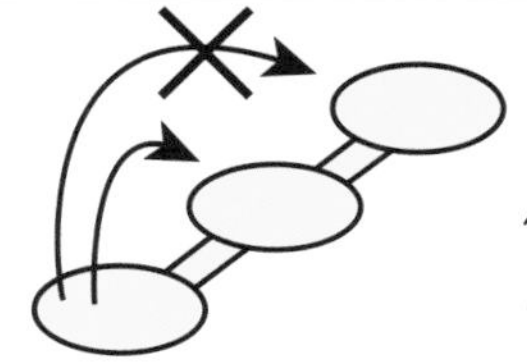

小さなステップを作り
コツコツ進んでいく

成長を喜ぶ

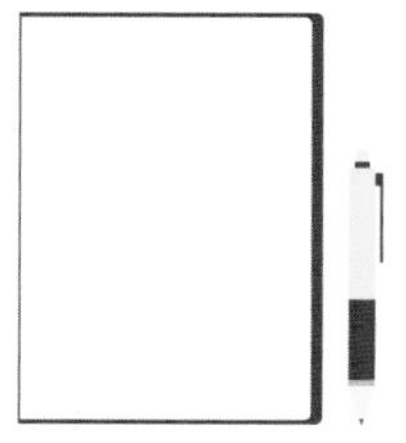

日々の活動を
ノートなり、メモ帳なりに
記入してみよう
成長を実感できるはず！

工夫次第で仕事は楽しくなります！

44

短所は隠さず、持ちつ持たれつの関係を作る

人は長所で尊敬されて、短所で愛される

世代ごとに変わっていくヒーローたち。あなたにとってのヒーローは誰ですか？ドラゴンボール世代、ワンピース世代、ポケモン世代、鬼滅の刃世代などとなるでしょう。アニメや漫画というものは面白いもので、そのときの時流を表します。何が世の中に求められているかの変化がわかりやすいので、流行りはおさえておきたいものです。

さて、どの世代のヒーローにも共通した事柄があります。それは、**誰一人、完璧ではない**ということ。

たとえば、鬼滅の刃の竈門炭治郎（かまどたんじろう）なら、天然なところでしょう。ふとしたときに噛み合っていない感じになり、可愛らしさを感じて人気があるのです。もしも努力家で、家

族思いで、まわりに気遣いができて、抜けのない人ならどうですか？　いまの魅力はなくなってしまうのではないでしょうか？

尊敬する著者の一人で、『あした死ぬかもよ？』（ディスカヴァー21）のひすいこたろうさんがこうおっしゃっています。

「人は長所で尊敬されて、短所で愛される」

とくにこれからのリーダーに求められる重要な要素は、愛されることです。愛されるために大事なのは、**短所を隠さないこと。**短所を隠すことにエネルギーを使うのは、もったいないです。短所は活かし方を考えましょう。

欠点という言葉もありますが、多くの人は「欠けている点」だと考えていますが、違います。本当は、**「欠かせない点」**なのです。

その人の魅力を表現するために欠かせない点が欠点。長所短所ではなく、その人の特性です。隠してしまったらもったいない。本当の魅力は欠点の中にこそあるのです。

あなたの欠点は何ですか？　どうしたらその欠点を活かすことができるのでしょう？

持ちつ持たれつの関係を作る

「僕はね、何かしてもらったら必ずちゃんと返したい人なんですよ」と話してくださったのは『年収1億円思考』（経済界）の著者、江上治先生。有名プロスポーツ選手から経営者まで、年収1億円を超えるクライアントを50名以上抱える富裕層専門のカリスマ・ファイナンシャルプランナーの方です。

本当にありがたいことでラジオ出演の機会をいただいたり、書籍の応援もたくさんしてくださいます。

ですから、私も何か恩返しはできないものかと思い、お手伝いできることがあればと思っているのですが、いつも倍返しで返ってくる。もちろん、恨みの倍返しはやめたほうがいいですが、**喜びの倍返しは嬉しさが増し、人間関係がよくなる素敵な関係を作ります。**

さて、そんな**頼り頼られる関係。実はこれがとても大事**です。なぜなら人間は頼られたい生き物だから。**私たちはどこかで誰かに必要とされていたい**と思います。だから職場でも「私の必要性はなくなったから」という理由で退職する方も多くいます。逆にあなたが必要だというメッセージを出しているといい関係もできるし、一緒に仕事を続けやすくなるでしょう。

完璧な人って魅力的に見えないんですよね。ちょっと欠けているくらいでちょうどいい。そしてその欠けている部分を人に頼ってみる。相手の欠けている部分があれば、今度は自分が頼られてみる。

餅は餅屋とも言いますから、得意な人が近くにいたらお願いしてみましょう。そして自分の得意なことで補完し合いましょう。そうすると気持ちよく仕事することができますよ。

Point **頼り頼られる関係を意識してみよう！**

45

相手が困っているときにさっと手を差し伸べる

相手の事情を察する

8月のよく晴れた日。あなたがオフィスにいると営業回りしてきた同期が戻ってきました。

「ただいまぁ〜」となんとなく元気がなさそうな様子。

あなたならどんなひと言をかけますか?

私たちが人と話をしているとき、**2つの「理解」が求められます。**

一つ目は**「情報」**です。正しく情報理解をすることで、約束が守られたり、仕事が円滑に進みます。情報理解力は生きていく上でなくてはならない力の一つでしょう。

ただ二つ目の「理解」がないと、人間関係のトラブルに巻き込まれたり、本当に仲のいい友人や仕事仲間を作ることはできません。それが**「感情」**です。

感情についての理解が弱い人は、冷たい印象や怖い印象を持たれることが多いです。

さて、最初の質問に戻しましょう。人によっては今日の営業結果が気になる人がいます。もしくは元気よく挨拶をしないことを指摘する人もいるかもしれません。

しかし、感情を汲みとれる人なら、まず「暑い中、大変でしたよね」とひと言添えることができるでしょう。

情報ばかりに意識を向けるのではなく、**感情や気持ちにも意識を向けてみてくださいね。**

信頼関係の構築が大事

困っているときに手を差し伸べてもらえることは、誰だって嬉しいことだと思います。

繁栄は友を作り、逆境は友を試すと言います。逆境とまで言わなくても、困っているときのつき合い方に仲間としての質が問われるのではないでしょうか？

ありがたいことに、私はここまで7冊、すべて同じ編集長のもとで書籍作りをさせていただきました。同じ人にお世話になって書籍を出し続けられるというのは、ビジネス書では珍しいのですが、そこには理由があります。

ひと言で言うなら信頼関係を構築できたから。そしてその**信頼関係の構築こそ、困ったときに手を差し伸べることができたから造られたもの**です。

まだ私が出版する前ですが、彼から一度、講演のお誘いがありました。そのときには私は「予定があるので」と丁重にお断りしました。その後、開催2週間前にお誘いがもう一度ありました。私の中でピンときたのですが、「これはきっと集客に困っているのでは？」と思い、すぐにお電話を差し上げました。

「もしかして集客にお困りですか？」
「はい、じつは思うように集まっていなくて……」

そこで、私の予定を変更してそのイベントのお手伝いをさせていただき大成功。結果的には信頼関係を築くことができました。

人が違和感ある行動をしたときには、もしかしたらあなたの救いの手が必要なときかもしれません。気遣って連絡してみてはいかがですか？

Point

相手の事情を察して困っているようなら手を差し伸べよう！

46 成功よりも失敗をほめる

成功の反対は何？

「成功の反対はなんだと思う？」

ある成功者に、起業してまもない頃に聞かれた質問です。私は成功の反対は失敗だと思いますと答えると、こう言われました。

「答えは、失敗を恐れて行動しないことだよ。どんな仕事も行動なくして成功することはないね。しかし行動すると失敗はつきもの。むしろ失敗を全くしないで成功することなんてまずありえない。だから失敗は成功へのプロセスなんだよね」

仕事で嫌われる人はただ失敗を叱る人でしょう。失敗が成功へのプロセスであるなら、叱ったら足を止めることにしかなりません。**失敗をしたということは、新しいことに挑戦したということです。**新しいことへの挑戦は仕事において重要項目ですから、褒められるべきでしょう。

そしてあなたがリーダーであるなら一緒に改善策を考えるとよいです。いまの時代は答えのない時代。先行く先輩であったとしても、正解を出せるとは限りません。わからないならわからないでいい。だから一緒に考える。

すると「大変なときに肩を並べて頑張ってくれてありがたいな」と思ってもらえるわけです。**失敗を褒めて、一緒に頑張ってくれるリーダーって素敵**ですね。

失敗しても後悔したり引きずらない

とはいえ、やっぱりしてはいけない失敗もあります。失敗してしまったときの対策を９つ紹介しましょう。

①同じ失敗を繰り返さない
②迷惑をかけたなら、そのことの謝罪はきちんとする
③他人のせいにしない
④失敗の原因を正直に話す
⑤失敗がわかったら可能な限り早く報告する
⑥失敗の可能性を感じたら早めの対処、もしくは相談をする
⑦次の対策を立て、可能な限り改善案を示す
⑧開き直ったり、反抗的な態度をとらない
⑨失敗の打開に意欲的な姿勢を示す

この中でポイントは、④失敗の原因と⑥失敗の可能性を見つけ出すことです。
失敗の原因を探すときに大事なのは、数字で客観的に分析をすることです。たとえば、
私がコールセンターで仕事をしていたときは、電話の件数、電話をオペレーターが取っ

た件数、対応時間、その後の満足度の調査などを数字にまとめて分析をしていました。

このようにすると、どこに問題があるかわかるのです。失敗の原因がわからない人は、往々にして数字と向き合うことから避けている傾向にありますので、まずは**自分の仕事に関わる数字を調査してみてください。**

また、失敗には兆候があります。そのプロジェクトに参加しているメンバーの顔色がくもり出し関係性が悪くなったり、簡単なミスが連発したり、予想外の出来事が増えたりします。一見すると順調に思えるときにも「もしかしたら不調や失敗の種が隠れているかもしれない」と慎重になる必要があるでしょう。順調だった仕事がうまくいかなくなるほとんどの原因は、**「大丈夫」という慢心から引き起こされるもの**なのです。

失敗は評価を上げることにも評価を下げることにもつながります。

せっかくなら評価が上がり、一目置かれる失敗の仕方をしたいですね。

Point

失敗のとらえ方と対応の仕方で評価も上げられる！

47 追い詰めても自分が損をするだけ

逃げ道を作る

「窮鼠猫を噛む」という言葉があります。

追い詰められたネズミは天敵の猫でも噛みにかかるということ。つまり追い詰められると反撃されることがあるということのたとえです。コミュニケーションにおいても同じことがあります。

それが顕著に出るのは、クロージングをする場面です。クロージングとは、何か約束をしたり、指示したことをやってもらうようなことを指します。

そんなときに結論が早くほしくなるのは人の常。どうせなら早くやってほしいし、少なくとも答えくらいはもらいたいという気持ちもわかります。

しかし、好かれる人になりたいなら、**そんなときこそ一呼吸おきましょう。**決めることにかけるエネルギーは非常に大きく負担になります。過度に負担をかけるコミュニケーションは残念ながら嫌われてしまうもの。

ちょっと逃げ道を作るくらいでちょうどいいのです。

たとえば「明日の朝まで考えていいよ」とか、「一人でやるわけでないから安心してね」と少しだけ負担を減らすことを意識しましょう。

「急いては事を仕損ずる」ということわざがあるように、ときにはクロージングを先延ばしすることも必要です。

どんと構えて待てる人になりましょう。

代替案を求めない

「反対するなら代替案を出せ」と言う人がいますね。これは言わないほうがいいです。反対するための反対は論外ですが、組織を思っての反対であるなら、まずは耳を傾けるべきでしょう。先にもお伝えしていますが、**答えのない時代に代替案を出せというのは無理がある**のです。

このままいったらダメだよなというのはわかっても、どうしたらうまくいくかまでアイデアは出ないケースがたくさんあります。

しかも、「代替案を出せ」と言われて代替案を出せば、「出したのはお前だからお前が責任を持ってやりなさい」とか「そんな案が通るわけないだろ」とか言われかねません。これでは意見なんて言えなくなってしまいます。

どんな仕事であってもこのようなことは起こりうるでしょう。

その一方で、

「何かおかしいことがあると感じたらなんでも言ってほしい」

そんな寛容な態度で仕事をする人に出会ったらどうですか？

素敵な人だなって思いませんか？

代替案は一緒に考えたらいいのです。案がなくても異論を唱えてもいいのです。意見の言いやすい職場環境を目指しましょう。

Point

相手を追い詰めず、何でも言いやすい雰囲気を作ろう！

48

お金には綺麗でいる気前よく支払う

仕事でもプライベートでも一番トラブルになりやすいものはお金。なにしろ**お金に綺麗でいることは、好かれる人であるためには大事なポイント**です。

ではお金に綺麗であるとはどういうことでしょうか？

そもそもお金自体には綺麗も汚いもありません。**お金の使い方、つき合い方に綺麗・汚いが現れます。**お金に汚いというのは自分の利益ばかり考えてしまったり、誤魔化した行動をすることでしょう。

冗談みたいな話ですが、飲みに行った席でお会計のときに消えるとか、借りたお金を返さないとか実際に起こります。

お金を借りるなら必ず返す。また支払うべきお金があれば先に支払う。待ってほしいという人がいますが、相手もそのお金を期待して仕事しています。お金の遅延はあってはならないと考えましょう。

また、どうしてもお金を貸してほしいと言われる場面もあるかもしれません。私は貸すのはいいと思っていますが、どんな関係であれ**必ず借用書を作ること**をおすすめしています。

信頼があるから書面はいらないという方もいますが、経験上、だいたいどこかに消えていってしまい、残念ながら人間関係が続かないからです。ちゃんと返してもらっているほうがよっぽど関係はうまくいきます。

また、自分が支払う側のときは可能な限り気前よく支払うようにしましょう。どうせ払うものならカッコよく払ったほうがずっと得です。切っても切れないお金とのつき合い方。人間関係に大きく影響しますから、気をつけてくださいね。

Point **お金に対してもしっかりと向き合おう！**

49

「単純接触」は積み重ねると財産になる

接触回数を増やす努力をする

先日あるパーティで面白いことがありました。たまたま隣に座った方が知っている人ですぐに仲良くなり意気投合。二次会でも大盛り上がり。

さて、何が面白いことだったのか?

じつはその後、Facebookのメッセンジャーでやりとりしていて、「そういえば初めて会ったのはいつでしたか?」となったのです。お互い覚えていません。どこかのパーティなのか誰かの紹介なのか。

さまざま記録と記憶を掘り出した結論、じつは初めての出会いでした。

さて、なぜこんなことになったのか？

じつはFacebook上ではつながっており、お互いに「いいね」をよく押していたのです。顔をよく見るものだから、すっかり会ったことがあると勘違いしていました。

「単純接触効果」というものがあります。これはあった時間の長さよりも、会った回数のほうが信頼関係に影響を与えるという効果です。ＳＮＳで定期的にお顔を拝見するというのも接触の一つに数えていいでしょう。

仕事で好かれる人になりたい方は、**何らかの形で接触する回数を増やす努力をするといいでしょう。**ＳＮＳの投稿なのか、ちょっとした挨拶なのか。なんでもかまいません。するとと深い話をするわけでなくても好感を持たれますよ。

何気ない連絡や相談をしてみる

ＳＮＳ全盛の昨今。その気になれば新しい人との出会いには事欠きません。多くの人とのつながりの中で高い信頼を寄せられる人もいれば、ちょっと面倒だな、できれば避けたいなという人もいます。

先日も（というかほぼ毎日！）、一度もやりとりしたことがない方からこんな連絡をいただきました。

「いつも楽しく投稿を見させていただいています。
このたび、あなた様のようなアクティブな方におすすめできる投資商品ができました。
よければ一度お話を聞いていただけませんか？　返信お待ちしています」

いやいや、一度も絡んだことありませんけど？

こういう人は自分の都合しか考えていない人。だから商品を売ることしか考えず、相手の気持ちまで察せられていません。自分がやられる側になったらどうでしょう？　おそらくそんなプロモーションで応援しようなんて思わないはず。

でも自分のことになると途端にこんなことをしてしまう。誰かに支援してもらおうとほとんどつながりを持っていない方にまで連絡した挙句、警戒されてしまうのです。

商品を売ることよりも関係を作ることのほうがずっと大事なんです。

だから本当に必要なのはちょっとしたやりとり。たとえば相手がＳＮＳの発信をしているなら「いいね」を押したりコメントする。気になることがあればメッセージしてみる。

さらに、普段づき合いしている友人や仕事で懇意にしている方なら、話題に出たときに電話してみたり、何気ない連絡や相談をしてみることもおすすめします。

好かれる人ほどそれがうまい。いま気になる方がいたら「久しぶり！」って送ってみてくださいね。

Point

集客しよう、営業しようという前に日々、関係構築を心がけよう！

50

目の前の仕事に意義を見出す

何をするかより、なぜするかを大事にする

あるとき、あなたはこんな仕事も依頼されました。

「とりあえずここに穴を掘っておいて」

さて、どうしますか？

「喜んでやります！」という人はあまりいないのではないでしょうか。おそらくこう聞き返すと思います。

「なぜここに穴を掘るんですか？」

人が動くために大事なことは理由です。なぜやるのか、そしてその理由に価値があるのかを気にします。だから**あなたが仕事で好かれる人になるために必要なことの一つが**

理由を話せる人になること。

職場の不満の一つに上司がただの伝書鳩になっているという話があります。つまり中間管理職の方に仕事の意味を聞くと「上が言っているから」としか答えられないという話です。

上司と部下の間に挟(はさ)まって指示を受け、指示を出すというのは大変な仕事です。理由まで確認する余裕がない気持ちもわかります。でも人は理由で動くのだとしたら、理由を知らないリーダーは残念ながら好かれることはありません。

これは何も上司と部下間の話だけではなく、全ての人間関係にもあてはまります。何かお願いごとがあるとき、理由を話せないと協力してもらえないことも少なくありません。

何をするかよりもなぜするかを大事にしましょう。

仕事の大義を自分にも相手にも伝える

仕事をしていると、どうしてもやる気がなくなってしまうことがあります。目の前の作業に追われ、何のために頑張っているのかわからなくなってしまったこと、ありませんか？

そんなときは経営の神様とも呼ばれる松下幸之助さんの「電球磨き」の話を思い出すといいですね。

まだ松下電工（現・パナソニック）が小さな町工場だったときのこと。つまらなそうに電球を磨いていた社員がいたそうです。その社員に松下さんは、「君、ええ仕事してるなー」と声をかけました。

その社員は誰にでもできる仕事だと思って、飽き飽きとしてましたから、びっくりします。

「この電球はどこで光っているか知ってるか？ その電球は街を明るくする。街が明るくなると住んでいる人たちが安心する。安心できる生活の中で子供たちは夜に絵本を読むかもしれない。その子供たちは将来に夢を持つ。つまりあなたが電球を磨くことは子供たちの夢を磨いているんだ」

やっていることは小さなことかもしれません。もしかしたら繰り返しのつまらない作業のように感じることもあるでしょう。しかし、その**積み重ねの先には大義があるとし**たら、きっと頑張りたくなるでしょう。

あなたのその仕事は誰を喜ばせるものかを考えてみると、大義が見えてくるでしょう。

あなたの仕事の先にある大義を見つけ、それをまわりの人に伝えてみてください。

一緒に頑張りたい人がきっと増えるはずですよ。

Point

何のために働いているのか、自分なりの大義も考えてみよう！

51

言いにくいことを言っても嫌われない言い方

言わないといけないけれど、言いにくい、可能なら言わずに過ごしたいことってどんなことがありますか？

たとえば仕事のミスを指摘したり、なにかを急いでもらうときなどでしょうか。

そんなときに使うといい必殺技が２つあります。

①自分のせいにする

「ごめんね、僕の伝え方が悪かったかもしれないのだけど……」

などのように、自分にも非があるように伝えてみましょう。実際問題として、何か不都合があったときに相手だけが悪いということはまずあり得ません。多少なりとも自分にも責任があったはずです。

②誰かのせいにする

とくにビジネスの場では不利益が起きてしまうこともあるので、自分の非にばかりするわけにもいきません。

そこで使いやすいのが、**利害関係のない誰かのせいにさせてもらう方法。**気をつけなければならないのは、その誰かを悪者にはしないことです。

たとえば、法律の変更対応で支払い先の対応が変わって困ったなどあるかもしれません。先方がちゃんと理解していればいいのですが、理解していないケースもあるからです。

そんなときは、「税理士の先生から法律の変更対応をちゃんとしてと叱られてしまって」というように伝えてみるといいのです。

こういう伝え方を**ボイスチェンジ**と言います。

言いにくいことは、自分のせいにするか、ボイスチェンジを使って伝えてみるとよいですね。

上手な断り方を覚える

依頼を断っても仲よくし続けられる人と、残念ながら仕事の縁がなくなったらその後続かない人がいます。これは断り方の違いが大きいでしょう。断っても相手と良好な関係を築いていくためのポイントをご紹介します。

①やりたかったアピールをする

文例：「ありがとうございます！　ぜひやりたいのですが、別件で立て込んでおり今回はお断りさせてください」

②自分の力不足で迷惑をかけられないと伝える

文例：「大変申し訳ありません。私の力不足で迷惑をかけてしまいそうなので今回はお断りさせてください」

③ 自分の失敗談を伝える

文例：「じつはお恥ずかしい話なんですが、以前同じようなケースで大失敗してしまいまして……」

④ 尊敬する人のせいにする

文例：「そのお話、ぜひお受けしたいのですが、私のお世話になっている方から強く反対されてしまいまして……」

上手な断り方を覚えると、その後もいい関係を作れますよ。

Point

言いにくいこと、断るべきことは工夫をして伝えてみよう！

52 反応だけでも早く！クイックレスポンスのコツ

判断は遅くても反応は早く！

「芸能人は歯が命」なんていうフレーズがありましたが、ビジネスはスピードが命です。特に今は変化が早いので、少しの遅れが命とりなんてこともあります。素早く判断して行動することができる人になりたいものです。

とはいえ、まだ慣れてもいないうちから判断を早くしてしまうとミスも起きやすく、結果的にまわりに迷惑をかけてしまうことも。ではどうしたらいいのでしょう？

その一つの解決策が、**判断は遅いが反応は早くする**という方法。何か案件が発生したときにまずはとにかく返信をする。わからないことならわからないと正直に伝えておき、いつまでに確認して返信するかを伝える。

じつは、**大事なポイントは判断することよりも反応があること**です。反応がないと相手は不安になります。

見てくれているのか？
自分の言っていることは伝わっているのか？
断れるのではないか？

さまざまな思考を巡らせているのです。

ビジネスにおいてスピードは情熱です。情熱ある人は好かれやすいです。もしかしたら質は多少下がるかもしれませんが、それでもスピードが評価されます。

いかに早く仕事をするか、考えてみてくださいね。

お礼はとにかく早く伝える

何かをするとき、可能な限り、楽で効果的な方法を考えたほうがいいでしょう。楽をすると聞くと、聞こえは悪いかもしれませんが、無駄に苦労するよりよっぽどいいです。短時間に、そして簡単に終われば他のことに取り組む時間も増えます。

苦労大好きっ子な人も時折見かけますが、大事なことは苦労することではなく、**効果的な結果を作り出すこと**です。

楽にすればするほど効果的なことが一つあります。それはお礼連絡の送り方。お礼連絡で楽をするってケシカランとか思わないでくださいね。でも楽したほうが効果的なのです。

では、どんな楽をしたらいいか?

その答えは、**少しでも早く送る**という方法です。

お礼を送るとき、多くの人は一生懸命悩んでしまいます。

「どんな文章にしよう？」「今日の話の内容に触れたほうがいいか？」「次の約束もとれたほうがいいよね……」などと考えを巡らせて、結果的にお礼が遅くなるものです。

特に、お礼ほど早いほうが喜ばれるものはないですから、遅くなるとどんどん送りにくくなり、結果的にお礼を伝えるチャンスを失ってしまいます。


それなら、**すぐ送ることを重視します。**短文でかまいません。

「今日はありがとうございました！　最高に楽しかったです」

その後、内容や次の約束に触れたいなら、２通目を送ったら問題ありません。問題なのは感謝すべきことに感謝を伝えられていないこと。お礼連絡はすぐ送る習慣を身につけましょう。

Point　**できる限り時間をかけずにすぐ行動しよう！**

53

気まずさはチャンス！率先して行おう

あなたにとって「気まずい」と感じることはどんなことがありますか？

気まずいとはお互いの気持ちがかち合わず、チグハグした状態です。たとえば、わかりやすいのがカラオケ。誰かが歌ってくれないと始められないけど、自分から始めるのは勇気がいる。

そんなときに率先して「まずは僕が歌いますね」と動いてもらえるとみんなが安心します。

仕事でもそうでしょう。会議などで誰がファシリテーション（舵取り）するのか、悩むときがあります。そんなときに率先して「私が進行しますね」と積極的に動いてもらえたら、ありがたいと感じる人は多いはず。

多くの人が気まずいことほど率先してやる人を素敵な人だと思うのです。気まずさはそう思われるチャンスとも言えます。

もちろんうまくいかずに恥ずかしい思いをすることもあるかもしれません。でもよく考えてみたら、恥ずかしいと思っているのは自分だけ。まわりはよく動いてくれたと感謝しているケースがほとんどです。

たとえば、セミナーなどで質問を求められることがあります。私は極力率先して質問をするようにしています。なぜなら質問がないと講師が困ってしまうから（笑）。

終わった後に、「私からの質問は迷惑でしたか？」と確認することも多いですが、一度も迷惑なんて言われたことはありません。むしろ助かりましたと感謝されるケースがほとんどです。

じつは**恥をかけるってとっても素敵なこと。**なぜなら率先して動いた証拠だから。ぜひ、人が嫌がることほど、率先してやるようにしていきましょう。

Point　**気まずいことを率先してやる人は魅力的に見える！**

54

期限だけは自分の意識次第で100%守れる

私は作家として過去7作書かせていただきましたが、文章の書き方を勉強しようとスクールに通ったことがあります。そのときにお世話になった方が、日本を代表するブッククライターのお一人、上阪徹先生です。

文章の書き方を集中して学ぶことができ、とても有意義なスクールでしたが、そこでおっしゃっていたことがとても印象的で、仕事で大事にしていることの一つになりました。

それは、

「期限だけは自分の意識次第で100%守れる」

という言葉。

ライターの仕事は大変です。取材をし、構成を直し、文章も作る。やることが多い中で仕事が遅く、期限を守らない人も多くいるそうです。

しかし期限を守ってもらえないのでは、仕事を依頼するほうも困ります。逆に言えば、「期限を守る」ことにこだわっていて、毎回期限内に上げてくれる人に対して、感謝の念を抱くでしょう。

前項で**スピードは情熱とお伝えしましたが、期限は信頼につながります。**何が何でも期限を守ると自分に意識づけをして、期限を守れるよう時間管理をしていきましょう。

あなたの期限厳守の姿勢は必ず財産になります。

Point

期限は１００％守ること、意識しましょう！

55

効率よりも効果性を大事にする

ある日。あなたは世界一大事な人と一緒に、特別な日を過ごすためのディナーの予約をしました。

とても素敵なホテル。席に通されると美しい夜景。

「一杯目はシャンパンにしようか……」なんて考えながら手を挙げます。

すると最高の雰囲気の中、サービススタッフが言いました。

「こちらの端末からご注文ください」

さて、本当に大事なことは**効率よりも効果性**ではないでしょうか？

たしかに、端末を使った注文も素晴らしい機能であり、とても効率的でしょう。効率が求められるときには利用すべきです。

しかし、大事な日のディナーに求められるのは、効率ではありません。丁寧で手間のかかるサービスです。

じつは人間関係も一緒なのです。**効率を重視するべきときと、効率ではないものを重視すべきときがあります。**たとえばパーティなどは、たくさんの人にいっぺんに会えて効率的だと言えます。

しかし、一人ひとりとの時間を大切にはできません。

またオンラインで手軽に話をするのもとても効率的な方法ですが、大事な話をするなら、やはり会って話したほうが効果的でしょう。

誰でもできればラクにカンタンを求めます。しかし**効率ばかり追っていては残念ながら素敵な人間関係を作ることはできない**のです。

「あなたのために非効率かもしれないけれど、大事な時間をプレゼントします」

そんな気持ちがある人って魅力的だと思いませんか？

Point **どうしたら喜んでくれるかは効率よりも重視しよう！**

あとがき

お疲れ様でした。

本を一冊読み切るのはとても大変なことですよね。そしてそんな大変な作業を乗り越えてここまで読んでくださったあなたに、心からお礼を申し上げます。

さて、「すぐできるのに99％の人がやっていない」というとんでもないタイトルになった本書。最後まで読んでくださったあなたに「正直に」「ここだけ」の本音を言います。

絶対、言っちゃダメですよ。

僕も99％の人の一人です！

もちろんできている、やっていることだから書籍にさせていただきました。

でも意識しないとできていないことだってあります。

「私は完璧だからあなたもやってみたらいいよ」

という話ではなく、

「私もできていないけど一緒に頑張ってやっていこう」

そんな気持ちで書かせていただいています。


さて、好かれる人になるための55のコツをまとめたわけですが、最後に本当に大事なことをお伝えします。

それは、みんなからは好かれなくていいということ。むしろ好きになれる人を「ちょっと」増やすだけで人生はむちゃくちゃ幸せになれます。

本編でも書かせていただきましたが、みんなに好かれようとしたら八方美人でかえって辛い生き方になりますよ。かといって、たった一人の素敵な人のために生きるのは、少し重たい生き方かもしれません。

だから、ちょっとだけ好きな人を増やしてみてください。すると、意外なところに自分のよき理解者が現れてくれたりします。その人に喜んでもらえたら、人生むっちゃハッピーになれるんです。

日本を代表する作家である本田健先生がこうおっしゃっていました。

「これからの時代は人気と人望の両方が大事です。人気があっても人望がなければ人が離れてしまう。人気があっただけに人望がないと失速も早くなるんです。だから人気だけでなく人望も持つことを意識してみてください」

いままで私たちは人気ばかりを追ってきました。SNSのフォロワーを増やすこと。テレビやラジオなどのメディアに出ること。有名人の知り合いを作って権威性を持つこと。けっして悪いこととは思いません。

でも長く活躍していきたいと思ったらそれだけでは足らないのです。多くの人に知ってもらうことよりも、本当に応援してもらうことができ、自分からも支えたいと思える人との関係性を作ることこそ価値があります。

また、本田健先生はこうもおっしゃっています。

「1週間泊めてくれる友人が50人いたらお金がなくても豊かだよね」

私も心からそう思います。

だから本書でお伝えした「好かれる人」になることが一番の武器になるのです。お金も大事。やりがいのある仕事も大事。

でも、それと同じか、それ以上に大事なこと。

それが好かれること。あなたが好かれる人になるために、本書が力になれたら心から嬉しく思います。

そしてここまで読んでくださったあなたに、私からささやかなプレゼントです。

２２７ページのＱＲコードを読み取って「好かれる人」と入れてください。

２つのプレゼントを用意しました。

一つは、ページ数の関係で載せられなかった原稿。

もう一つは、誰でも簡単にできる好かれるためにできる５つのこと。

とくに２つ目のプレゼントは人に会う前に読んでいただくだけで効果覿面（てきめん）です。必ずお役に立てるはずです。


最後になりますが、本書の執筆に尽力してくださった富田志乃編集長、そして編集協力してくださった古川書房の古川創一さんに心からお礼申し上げます。またお名前をあげさせていただいた皆様、またページ数の都合でお名前をあげられなかった、しかしいつもご指導いただく皆様、本当にありがとうございます。

そして何よりいまこの文章を読んでくださっているあなたへ。心からの感謝と、これからの好かれる人生の一歩へのエールを贈らせていただきます。

人は豊かで大きい。人生は望んだ分だけ手に入ります。多くの人に好かれ、多くの人を好きになる第一歩を踏み出してください。ありがとうございました。

岡崎　かつひろ

■ 参考文献

『Think CIVILITY 「礼儀正しさ」こそ最強の生存戦略である』クリスティーン・ポラス（東洋経済新報社）
『WHY から始めよ!』サイモン・シネック（日本経済新聞出版）
『行動科学の展開【新版】』ポール・ハーシィ／ケネス・H・ブランチャード／デューイ・E・ジョンソン（生産性出版）
『原因と結果の法則』ジェームズ・アレン（サンマーク出版）
『人を動かす』ディール・カーネギー（創元社）
『経済は感情で動く』マッテオ・モッテルリーニ（紀伊國屋書店）
『気持ちよく相手に届く伝え方は？』川上徹也（アスコム）
『好かれる人は得をする!』ティム・サンダース（武田ランダムハウス）
『「ありがとう」の教科書』武田双雲（すばる舎）
『質問は人生を変える』マツダミヒロ（きずな出版）
『超一流の雑談力』安田正（文響社）
『世界最高のチーム グーグル流「最少の人数」で「最大の成果」を生み出す方法』ピョートル・フェリークス・グジバチ（朝日新聞出版）
『あした死ぬかもよ』ひすいこたろう（ディスカヴァー21）
『鬼滅の刃』吾峠呼世晴（集英社）
『仕事はゲームにすると上手くいく』石川和男（秀和システム）

読者限定！
特典

好かれるあなたになるための「２大プレゼント」

① 未公開原稿

② 誰でも簡単にできる好かれるためにできる５つのこと

この QR コードを読んで

「好かれる人」

と入れてください。

好かれるあなたになるために、

ぜひ手に入れてくださいね！

【著者】
岡崎かつひろ（おかざき・かつひろ）
全国出版オーディション主宰／助成金制度推進センター顧問
一般社団法人 食育日本食文化伝承協会理事／株式会社 XYZ 代表取締役
研修講師／ビジネス書作家。「すべての人の最大限の可能性に貢献する」を企業理念に、研修講師をはじめ著作活動、全国出版オーディション主宰、20-30 代若手人材育成など活動は多岐にわたる。
東京理科大学経営学部卒業後、ソフトバンク入社。20 代にして、コールセンターの KPI を構築し、2008 年起業。飲食店経営での組織マネージメントを経て、2017 年に出版した『自分を安売りするのは " いますぐ " やめなさい。』（きずな出版）は、新人著者としては異例の 3 万部を超えるヒットとなる。現在著作 7 冊、累計 15 万部を超えるベストセラー作家として全国での講演活動など、『学び』をテーマに日本人の知的リテラシーの向上を啓蒙するリーダーとして活躍している。講演会の累計動員人数 20 万人以上。フランスでの講演実績もある。1980 年埼玉生まれ。自他共に認める無類の旅好き（現在 32 ヶ国歴訪）。

装丁　鈴木大輔・仲條世菜（ソウルデザイン）
編集協力　古川創一（古川書房）

「好かれる人」になる 55 のコツ
すぐできるのに99%の人はやっていない

著者　岡崎かつひろ
発行者　真船美保子
発行所　KK ロングセラーズ
東京都新宿区高田馬場 4-4-18　〒 169-0075
電話（03）5937-6803（代）
http://www.kklong.co.jp

印刷・製本　大日本印刷㈱
落丁・乱丁はお取替えいたします。
※定価はカバーに表示してあります。
ISBN978-4-8454-2507-5　C0036
Printed in Japan 2023